真理は「ガラクタ」の中に

自立する君へ

大貫 隆

教文館

まえがき

本書に収められた文章の大半は、わたしが二〇〇九年四月から二〇一四年一〇月までの五年半にわたり自由学園（東京都東久留米市）の最高学部（大学課程に相当）に勤務した間に、折に触れて語ったメッセージである。

どのメッセージの場合にも、わたしが心がけたのは、学生たちへの応援である。高等科までの学びを終えて大学課程での学びに入ったものの、カリキュラムの仕組み、それとの取り組み方、そして大学生生活というすべてが未知の世界で戸惑う新入生たち。反対に、すべての課程を学び終えて卒業を迎え、喜びと同時に、いよいよ社会人として自分の道を切り開いていかねばならない緊張と不安の中にある卒業年次生たち。あるいは、その中間で時間の隙間をもて余し、目標を見失いがちになる学生たち。そのそれぞれに教師としてどのような言葉で勇気を与えたらよいのか。そのために、ある時はわたし自身の、ある時は他人の経験を取り上げ、さらにある時は時局の出来事によせて語ってきた。そのつど、わたし自身が長い間研究してきた聖書の語るところとつなげる努力も怠らなかった。その際、学生たちがそれぞれ自分の経験に引きつけて同感してくれることが、いつもわたしの目標だった。そのために、通常の講義の準備以上の時間と精力が求められた。

このたび、教文館出版部のお薦めがあって、本書を編むことになった。当然のことながら、どの文章も本書に収めるにあたっては、自由学園の学生・生徒でなければ分からないような用語は、最初のメッセージが持っていた臨場感を損なわない範囲で、可能な限り省略するか、同世代の青年たちにも通じる表現に変更している。その意図は、もともとの聞き手の枠を超えて、より広く同じ世代の青年たちにも読んでいただきたいということである。自由学園の学生・生徒に限らず、より広い聞き手の方々に向かって語ったメッセージもいくつか併せて収録しているのも同じ意図による。

この小著が、若い学生たち、あるいは聖書に関心を寄せる篤学の読者の方々の勇気をいささかでも鼓舞して、新しい学びへの誘いとなれば、わたしにとってこれに優る喜びはない。

なお、旧新約聖書からの引用は、原則として新共同訳に準じているが、それぞれの文脈での必要に応じて、文言を変更した場合がある。その場合には、その旨を注記している。また、随時括弧で補足的な説明を付加している。聖書文書名の略記法も新共同訳に準じている。聖書引用において、傍点は筆者による。

著　者

目次

第Ⅱ部　神は苦しむ者の側に

第Ⅰ部

自立する君へ

きれて、つながる

ヨハネによる福音書二〇章11－18節

[11]マリアは墓の外に立って泣いていた。泣きながら身をかがめて墓の中を見ると、
[12]イエスの遺体の置いてあった所に、白い衣を着た二人の天使が見えた。一人は頭の
方に、もう一人は足の方に座っていた。[13]天使たちが、「婦人よ、なぜ泣いているの
か」と言うと、マリアは言った。「わたしの主が取り去られました。どこに置かれて
いるのか、わたしには分かりません」。[14]こう言いながら後ろを振り向くと、イエス
の立っておられるのが見えた。しかし、それがイエスだとは分からなかった。[15]イエ
スは言われた。「婦人よ、なぜ泣いているのか。だれを捜しているのか」。マリアは、
園丁だと思って言った。「あなたがあの方を運び去ったのでしたら、どこに置いたの
か教えてください。わたしが、あの方を引き取ります」。[16]イエスが、「マリア」と言
われると、彼女は振り向いて、ヘブライ語で、「ラボニ」と言った。「先生」という意
味である。[17]イエスは言われた。「わたしにすがりつくのはよしなさい。まだ父のも
とへ上っていないのだから。わたしの兄弟たちのところへ行って、こう言いなさい。

『わたしの父であり、あなたがたの父である方、また、わたしの神であり、あなたがたの神である方のところへわたしは上る』と」。[18]マグダラのマリアは弟子たちのところへ行って、「わたしは主を見ました」と告げ、また、主から言われたことを伝えた。

本日はイースター礼拝です。イースター、すなわち復活祭は、日本だけでなく、全世界のキリスト教会でクリスマス（降誕祭）と並んで、もっとも大切にされている祝祭です。今から二千年以上の昔、現在のイスラエルの小さな村ナザレにイエスという一人の人がいました。「神の国」が近づいたというメッセージを仲間のユダヤ人たちに語り伝えましたが、わずかな人々にしか受け容れられませんでした。イエスは逮捕され、裁判にかけられ、最後はローマの軍隊によって十字架に吊るし上げられて処刑されてしまいました。

そのとき、弟子たちは怖くなって、みな逃げ去ってしまいました。しかし、その後間もなく彼らは、「そのようにして殺害されたイエスが、父なる神によって復活させられた。そして、神の右側へ挙げられて、今もそこで生きていて、聖霊を通して、地上の自分たちの間にも働いている」と考えるようになりました。彼らはイエスの処刑の直前に逃げてしまったという挫折から立ち直って、エルサレムに集まり、小さな群れをつくりました。これがキリスト教が誕生した瞬間でした。現在、キリスト教にはさまざまな宗派がありますが、これはその全てに共通する基本的な考え方です。

しかし、皆さんの中には、なぜ「イースター」って呼ぶのだろう、と不思議に思う人が少なくないはずです。英語の綴りでは「東」East の語尾に -er をつけた形になっていますから、「東の祭り」という意味なんだろうか、と思うのではないでしょうか。もしそうならば、「西、南、北の祭り」もあるのでしょうか。

簡単に答えを言っておきますと、古代ゲルマンの神話に Austron（Eastre）という名前の女神がいて、春の光をもたらす神でした。英語の「東」East もそこからきていると言われています。ですから、「復活節」（Easter）と「東」（East）は事実関係があるのです。キリスト教はイスラエルの土地で始まったのですが、やがてゲルマンにも伝わりました。その段階で、ゲルマンの古くからの習慣と習合しました。その時に復活節も「イースター」と呼ばれるようになり、毎年春分の後の最初の満月の次の日曜日に祝われることになりました。今年（二〇〇九年）は四月一二日です。本日はその二日前で、教会のカレンダーの上では、イエスが十字架にかけられて処刑された日、「受難日」とされています。

前おきはそれくらいにして、聖書をよく見てみましょう。ヨハネ福音書二〇章は先ほど読んだ11－18節を含めて、四つの段落からできています。

最初は1－10節で、朝まだ暗いうちに、マグダラのマリアがイエスの死体が墓にないことに気づいて、ペトロと「もう一人の弟子」に知らせます。すると、二人は競走して墓へゆき、それが本当に「空」であるのを見て信じます。

第二段落は11‐18節で、死から復活したイエスが、マリアの背後から現れて語りかけます。

第三段落は19‐25節です。新共同訳は19‐23節を一段落としていますので、それと少し違います。同じ日の夕方のこと、弟子たちはみな怖がって狭い場所に隠れていました。そこへ復活のイエスが現れ、十字架に架けられたときに自分の手と脇腹についた傷口を見せます。弟子たちは、これは本当にイエスだと分かって喜びます。

最後の第四段落は26‐29節で、一人だけその場にいなかった弟子トマスにもイエスは現れて、手と脇腹の傷を見せます。トマスはそれを見て「わたしの主、わたしの神よ」と言います。しかし、復活のイエスは、お前は「わたしを見たから信じたのか。見ないのに信じる人は、幸いである」と言います。

この全体に共通していることですが、弟子たちもマリアも全員が「見て信じたい」と思っています。もちろん、彼らはイエスが十字架で殺されたことを知っています。それにもかかわらず、そのイエスが手と脇腹に傷痕を残したまま、殺される前と同じイエスとしてそこにいてくれること、そのイエスと「つながって」いたいと願っているのです。「見て信じたい」という彼らの願いは、言い換えれば、生前のイエスと「きれずに、つながっていたい」ということです。

11節には、「マリアは墓の外に立って泣いていた」と書かれています。イエスが殺された今となっては、その死体を確かめて引き取る以外に、生前のイエスとの「つながり」を保ち続ける道はないとマリアは思っていました。しかし、その期待は外れてしまった。立ちつくしたまま泣いていたところに、マリアの失意の深さがよく表現されているとわたしは感じます。

マリアは生前のイエスとのつながりが今や完全に失われてしまったと思い、しかし、そのつながりを忘れかねて、泣きくれています。実はその時すでに、復活のイエス、すなわち死を越えた新しい命が、マリアの「後ろに」立って、彼女を見ているのです。「後ろに」という点に、特に注意が必要です。イエスは「後ろから」見ているだけではなくて、自分がそこにいることにマリアが気づいてくれるのを待っています。マリアによる発見を待っています。

やっと14節でマリアは「後ろを振り向」いて、イエスを見ます。しかし、「園丁だと思って」(15節)、イエスの死体はどこかとたずねます。すると、イエスは今度は「マリア」という固有名詞で呼びかけます(16節)。するとマリアはまた「振り向いて」、「ラボニ(先生)」と答えたと書かれています。

マリアは最初に「振り向いた」後は、ずっとイエスと言葉を交わしているわけですから、16節で再び「振り向いて」と言われるのは何か不自然です。イエスは話の途中で、マリアに気づかれないように、彼女の後ろ側へ回っていたのでしょうか。もちろん、ヨハネ福音書の著者はそんなふうには考えてはおりません。ヨハネは話が少し不自然になっても構わないほどに、それとは別のことを強調したいのです。つまり、復活のイエスがマリアの背後から呼びかけているということ、つまりマリアの背後に新しいイエスがいるということ、それまでのマリアの目線では見えない全く新しい現実を示したいのです。

　マリアは確かに「振り向いて」その復活のイエスを見ました。しかし、それでも彼女はそのイエスの新しさには気がつきません。殺される前のイエスに向かってしていたのと同じように、「ラボニ（先生）」と呼びかけます。おまけに「すがりつこう」とします。すると新しい復活のイエスは「わたしにすがりつくのはよしなさい。まだ父のもとへ上っていないのだから」（17節）と告げます。

　ここでは、新しいイエスと出会ったその瞬間に、もう別れが始まっています。文字通り「会うは別れの始め」になっています。しかも、「まだ父のもとへ上っていないのだから」というイエスの言葉の最初の「まだ」に注意が必要です。「まだいけない」という言い方には、やがてそれが許される時、可能になる時が来るという約束が含まれているのです。すなわち、イエスが地上を去って「父のもとへ上って」いった後ならば、許されるし、可能にもなるのです。もちろん、その時には、イエスは実際の身体を持った存在ではなくなっているはずですから、イエスに「すがりつくこと」はできません。そうではなくて、イエスと新しいかたちで「つながる」ことが、その時初めてできるようになるという約束です。ここではイエスと一度「別れること」、「きれること」こそが、復活のイエスとの真の「つながり」の始まりです。その時には、マリアは手と脇腹に傷を負いながらも殺される前と同じイエスを「見て信じたい」、「すがりつきたい」と思っていたマリアではなくて、「見ないで」、「きれて」信じるマリアになっていなければなりません。

続く段落のトマスの場合も同じです。トマスは人一倍、イエスの手と脇腹の傷を見て、そこに自分の指を入れてみなければ、それが殺される前のイエスと同じイエスであるとは信じない、と言い張っていた強情者でした。最後にその思いどおり、イエスと出会って「手と脇腹に指を入れて」確かめることを許されます。そうした後でトマスはそのイエスに「わたしの主、わたしの神よ」と呼びかけて、信仰を告白します。しかし、他でもないその最も高揚した瞬間に、イエスは「わたしを見たから信じたのか。見ないで信じる人は、幸いである」(29節)と告げるのです。これほど瞬間的に「会うが別れの初め」では、トマスに少し酷ではないかと感じられるかもしれません。

しかし、ヨハネが言いたいことはマリアの場面と同じなのです。復活のイエスが天の父のもとへと立ち去ってしまって見えなくなる。これまでのような直接の関係がきれてしまいます。しかし、その時に初めて、新しい復活のイエスとの本当のつながりが可能になるのです。「手と脇腹に指を入れてみる」こと、つまり「見て信じる」ことのできる関係では、まだ本当の「つながり」ではないのです。その手前にとどまっていることになるのです。

さて、わたしの今朝の話は「きれて、つながる」という題になっています。もう分かってもらえていると思いますが、「きれて」は最近の若者言葉で言う「きれる」とは違います。わたしが言う「きれる」は「離れる」という意味です。「離れて、結ばれる」と言う方が、誤解がないかもしれません。

皆さんの中には、この自由学園に入学した時に、初めて郷里のお父さん、お母さんのもとを離れて東京に来て、寮生活を始めた人も少なくないでしょう。新しく始まる生活に夢と期待を抱いていた反面、お父さん、お母さんなしでの生活に、いろいろな心配や不安もあって、小さな胸を締めつけられたことだろうと思います。それが一年前か数年前かは人によって違っても、同じ経験をしている人は多くいるでしょう。

しかし、皆さんも分かっているはずですが、お父さん、お母さんは君たちのすぐ側にいなくても、君たちを見ています。眼に見えるところにいなくても、君たちと一緒にいます。君たちは学校の勉強や寮での生活を「父と母なし」で過ごすのですが、その君たちの生活はすべて「父と母の前で、父と母とともに」あるのです。君たちは「父と母なし」の学園生活の中で、たくさんの新しい人（先生や友だち）と出会います。そうすると自分も新しくなります。一度親のもとから離れて、自分が新しくなると、父と母とも新しい「つながり」が生まれてきます。それは親から自立するための大切な一歩なのです。

わたしたち人間と神さまの関係もそれと同じです。第二次世界大戦の末期、ナチスに支配されていたドイツにD・ボンヘッファーという若い神学者（牧師）がいました。彼はヒトラーを暗殺するためのクーデター計画に参加していました。しかし、実行直前に逮捕されて処刑されてしまいました。そのボンヘッファーが獄中から書き残していった有名な言葉があります。それは「神の前で、神とともに、神なしで生きる」という言葉です。

「離れないと、結ばれない」。これは聖書が語っている深い真理の一つだとわたしは思っています。今朝のヨハネ福音書二〇章のマリアと復活のイエスの会話も、そのことを印象的に語っています。皆さんは学校の中で、今朝のわたしの話を初めとして、聖書とキリスト教についての話を聞く機会が多いでしょう。そのとき、無理して「神さま、神さま」、「主よ、主よ」と言って、うわべだけで聖書とキリスト教に「合わせて」、「すがりついて」も意味はありません。大切なのは、聖書とキリスト教のものの見方を深く理解し、人間、人間の生と死、父と母、兄弟、友だち、社会、歴史とは何なのかについて、よく考えることです。

自由学園の創立者羽仁もと子も『信仰篇』（『羽仁もと子著作集』第一五巻、婦人之友社、新版二〇〇七年）のある箇所（一九頁）で、「多くの問題がそれ〔聖書〕によって、我々の心に投げ込まれて来る」と言っています。聖書は「問題集」であって、「模範解答集」ではないという意味です。

「きれて、つながる」。この新しい一年、わたしたちそれぞれに、そのような出来事がたくさんあることを祈りましょう。

（イースター礼拝、二〇〇九年四月一〇日）

クリスマス――新しい想像力の物語

ルカによる福音書二章8－21節

[8]その地方で羊飼いたちが野宿をしながら、夜通し羊の群れの番をしていた。[9]す
ると、主の天使が近づき、主の栄光が周りを照らしたので、彼らは非常に恐れた。
[10]天使は言った。「恐れるな。わたしは、民全体に与えられる大きな喜びを告げる。
[11]今日ダビデの町で、あなたがたのために救い主がお生まれになった。この方こそ主
メシアである。[12]あなたがたは、布にくるまって飼い葉桶の中に寝ている乳飲み子を
見つけるであろう。これがあなたがたへのしるしである」。
[13]すると、突然、この天使に天の大軍が加わり、神を賛美して言った。
[14]「いと高きところには栄光、神にあれ、
地には平和、御心に適う人にあれ」。
[15]天使たちが離れて天に去ったとき、羊飼いたちは、「さあ、ベツレヘムへ行こう。
主が知らせてくださったその出来事を見ようではないか」と話し合った。[16]そして急
いで行って、マリアとヨセフ、また飼い葉桶に寝かせてある乳飲み子を探し当てた。

[17]その光景を見て、羊飼いたちは、この幼子について天使が話してくれたことを人々
に知らせた。[18]聞いた者は皆、羊飼いたちの話を不思議に思った。[19]しかし、マリア
はこれらの出来事をすべて心に納めて、思い巡らしていた。[20]羊飼いたちは、見聞き
したことがすべて天使の話したとおりだったので、神をあがめ、賛美しながら帰って
行った。
[21]八日たって割礼の日を迎えたとき、幼子はイエスと名付けられた。これは、胎内
に宿る前に天使から示された名である。

今司会者の方に読んでいただいたルカによる福音書二章8－21節は、クリスマスには必ずと言ってよいほど読まれる箇所の一つです。新共同訳では、「羊飼いと天使」という小見出しが付いています。ルカ福音書のその前のところでは、母マリアが幼子イエスを身ごもり、ベツレヘムの馬小屋で産んで飼い葉桶に寝かせるまでが物語られています。マタイ福音書の初めにも、やはりイエスの誕生の物語があります。

当然のことですが、ルカとマタイの二つの福音書にあるクリスマスの物語は、イエスが生まれると同時に書かれたものではありません。それはイエスが十字架上で殺された後、キリスト教が成立して、すでに五十年近くも経った西暦一世紀の後半になって初めて書かれました。

では、クリスマスの物語をそれほど後になってから紡ぎ出し、語り伝え、そして書き下ろした人々は、一体何が言いたかったのでしょうか。聞く者、あるいは読む者に、一体何を伝えたかったのでしょうか。ここに書かれていることが、本当に全部その通りに起きた事実だと言いたかったのでしょうか。もちろん、そうではありません。この物語の語り手は、一つ一つの出来事が事実なのか作り話なのか、そんなこととは全く別の次元のこと（意味）を伝えたいのです。

＊

語り手が読者に伝えたいことを知るために、わたしたちは三種類の登場人物たちに注目したいと思います。

まず、最初は羊飼いたちです。彼らはその晩、夜通し羊の見張りをしていました。10節では、彼らに現れた天使が、「恐れるな。わたしは、民全体に与えられる大きな喜びを告げる」と言います。つまり、民全体への喜びの知らせが、最初にまず羊飼いたちに知らされるのです。羊飼いたちは初め「非常に恐れ」（9節）ました。しかし、天使が立ち去るや否や、天使が言った通りかどうか、大急ぎで確かめに行きます（16節）。そして本当に「すべて天使が前もって話してくれた通り」であることを自分たちの目で確かめると、そのことを周りの人々に知らせ（17節）、神を賛美しながら帰っていきます。しかし、それで終わりです。少なくとも物語の語り手（ルカ）は、彼らにそれ以上の関心があったようには描いていません。

この羊飼いたちの唯一の関心事は、天使が言ったことが「本当にその通り」かどうかということなのです。12節に注意して読んでみましょう。幼子イエスが飼い葉桶で生まれたことが何を意味するのか、何を指し示す「しるし」なのか、という関心はありません。あるのは無邪気な好奇心です。彼らが最後に「神を賛美した」のも、神が天使を通して言ったことをすべて「本当にその通り」実現したからに過ぎません。

次に注目したいのは、17節で羊飼いの報告を聞いたと言われている人々です。18節では、「聞いた者は皆、羊飼いたちの話を不思議に思った」と書かれています。つまり、この人々にとっては、まず羊飼いたちの話の中身が「不思議」だったのです。羊飼いたちの話の中身は11－12節にあるとおりです。「今日ダビデの町で、あなたがたのために救い主がお生まれになった。この方こそ主メシアである。あなたがたは、布にくるまって飼い葉桶の中に寝ている乳飲み子を見つけるであろう」というのがその中身です。

しかし、羊飼いたちの話の中身はそうであったとして、報告を聞いたという人々にとって、その中身の何が不思議だったのでしょうか。「救い主（メシア）」が「ダビデゆかりの町」、すなわち、15節に書かれているベツレヘムに生まれるという点でしょうか。

そうではありません。なぜなら、イエスの時代のユダヤ人たちの「常識」では、「救い主

〔メシア〕」は、たしかにベツレヘムから現れるはずだったからです。ベツレヘムは紀元前一〇〇〇年に、ダビデが初めてユダヤ人の国の王位に就いた町でした。それから千年後、イエスの時代のユダヤ人たちは、そのベツレヘムから再びダビデの血を引くメシアが出現して、ローマ帝国のくびきから自分たちを解放してくれるはずだと期待していたのです。ですから、「今日ダビデの町で、あなたがたのために救い主がお生まれになった」という文章には、当時のユダヤ人たちの常識から見ても、何の不思議もありません。

人々にとって不思議だったのは、むしろ、その「救い主〔メシア〕」が「布にくるまって飼い葉桶の中に寝ている」ということでした。今自分たちを苦しめているローマ帝国の抑圧から解放してくれるメシアは、かつての英雄ダビデよりももっと強い武将であるはずなのです。そのメシアがよりによって、むさ苦しい馬小屋で生まれて、飼い葉桶の中に寝ているはずがありません。それはあまりに貧相な生まれ方です。だから人々は「不思議」に感じたのです。「不思議」とは何でしょうか。それは「常識」では理解できない、分からないということです。羊飼いたちの話の中身は、当時の常識と衝突したのです。

人々にとって、もう一つ不思議なことがありました。それは、こともあろうになぜ羊飼いたちに、メシア誕生の知らせが最初に与えられたのか、ということでした。

よくご注意いただきたいのですが、クリスマスについて皆さんが抱いておられるイメージでは、羊飼いたちはどこかのどかで牧歌的、平和の知らせを最初に受けるのに最も相応しい職業ということになっていないでしょうか。しかし、実はそのイメージは的外れなのです。

当時のユダヤ人の常識では、羊飼いは一番汚れに染まりやすい職業でした。羊を追って野山を移動する間に、いつどこで、どんな汚れた物（例えば生き物の死体）に触ってしまうかも分からない。もし触ってしまえば、その人自身が汚れる。それがモーセ律法（レビ一一24）による定めでした。よりによってそのような羊飼いたちに神の天使が最初に現れて、「喜びの知らせ」を告げるとは、という不思議さです。それはユダヤ教の常識に反することでした。

羊飼いの話を聞いた人々（18節）にとっては、そのような二重の意味で、自分たちの常識が揺らぎ始めているのです。彼らはもはや羊飼いたちが持っている無邪気な好奇心の次元を超えています。「不思議に思う」次元へ抜け出ています。

もう一度繰り返しますが、「不思議」とは何でしょうか。それは常識を一つの「円」に譬えれば、その「円」の完結性が破れることです。その破れを修復するには、人間は破れた円を超え出たところで、一回り大きな新しい「円」を構築しなければなりません。逆に、その一回り大きな「円」を新たに構築するには、まず元の円が破れることが必要です。「不思議」とは、その一回り大きな新しい「円」を指し示す「しるし」なのです。「不思議なこと」に出会った常識が、その「不思議なこと」の意味を問い直すとき、そのとき初めて「不思議なこと」は「しるし」になるのです。羊飼いの話を聞いた人々は、たしかに単なる好奇心から「不思議なこと」へと超えてきています。しかし、彼らにとって、「不思議なこと」はまだ「しるし」になっていません。

最後（三番目）に注目したいのはマリアです。19節は「しかし、マリアはこれらの出来事をすべて心に納めて、思い巡らしていた」と述べています。

まず、「これらの出来事をすべて」とある点にご注意ください。マリアは、(1)羊飼いたちに最初に天使が出現したこと、(2)その天使によれば、自分が馬小屋で今産んだばかりの子がメシアであること、(3)しかし、周りのユダヤ人たちは「皆、不思議に思っていた」こと、この三つのことを承知した上で、そのすべてを「心に納めて、思い巡らしていた」のです。

「心に納めて、思い巡らす」こと。それは明らかに、ただ「不思議」に思う次元を超えています。マリアは今やすべての出来事の「意味」について、考え始めているのです。反省的な思考が始まっているのです。出来事全体が「しるし」（12節）として受け取られ、それが意味すること、指し示すことは何なのかが問題になり始めているのです。

物語の語り手は、本当にイエスが馬小屋の飼い葉桶の中で生まれたかどうかにこだわっているのではありません。本当に天使の知らせを最初に聞いたのが羊飼いたちだったのか、そこにこだわっているのでもありません。すべては語り手が読者に（つまりは、わたしたちに！）何かを指し示すために送っている信号、シグナルなのです。語り手は、そのシグナルによって、イエスがユダヤ人たちの常識とはまるで違った意味での「メシア〔キリスト〕」であることを指し示したいのです。馬小屋と飼い葉桶の話がルカ福音書の冒頭にあるのはそのためです。

ルカの福音書はこの後に続けて、イエスの生涯を物語っています。その他の福音書も読み合わせるとすぐにわかることですが、イエスの生涯は、事実、当時のユダヤ人たちの「常識」からすると、「不思議」で理解困難なことばかりでした。

*

まず、イエスはナザレで育ちました。そのナザレはガリラヤという田舎の小さな村で、当時のユダヤ人たちの日常会話の中では、「ナザレから何か良いものが出るだろうか」（ヨハ一46）とも言われて、軽蔑されていました。

成人した後のイエスは、ある時から突然「神の国は近づいた。悔い改めて福音を信じなさい」と宣べ伝え始め、遍歴の旅に出ました。その道すがら、ある安息日に弟子たちは穂を摘んで食べ始めたことがありました。それを見たファリサイ派の人々が、「お前の弟子たちが麦の安息日にしてはならないことをしている」と言いがかりをつけました。安息日とは、一切の労働を中止しなければならない日でした。おそらく、ファリサイ派の人々は弟子たちのしたことを、刈り入れの労働と見なして、言いがかりをつけたのです。その時、イエスは「安息日は、人のために定められた。人が安息日のためにあるのではない」（マコ二27）と断言して憚りませんでした。

また、ユダヤ人たちは食事の時の手洗いには、とりわけ神経質でした。「昔の人の言い伝えを固く守って、念入りに手を洗ってからでないと食事をせず、また、市場から帰ったときには、身を清めてからでないと食事をしない」（マコ七3－4）のです。しかし、イエスはそれにも大変無頓着でした。それればかりか、「外から人の体に入るもので人を汚すことができるものは何もない」（マコ七15）と公に宣言して憚りませんでした。これも人々にとっては、「不思議」なことでした。ファリサイ派の人々は、食事の前に身を清めないイエスを見て、「不審」に思いました（ルカ一一38）。「常識的」なユダヤ人たちは、そのようなイエスを「大食漢で大酒飲み」だと言って、軽蔑したと伝えられています（マタ一一19）。さらには「あの男は気が変になっている」とまで言われ、イエスの身内の者までがそれを信じて、イエスを取り押さえに出てきたと言われています（マコ三21）。

そして、それらすべての最後に、十字架に吊るし上げられた上でのなぶり殺しです。十字架刑とはローマ帝国の法律が定めていた、もっとも残虐な処刑法でした。当時、心ならずもそのローマ帝国の支配下にあったユダヤ人たちにとって、考えるだけでも身の毛のよだつものでした。ですから、それによって処刑されることは想像もできないことでした。

ところがイエスはよりによって、その屈辱的な処刑法で殺されてしまいました。何もなすところもなく、最後に大きな叫び声を挙げただけでした。そのようなあわれな男が、どうしてダビデ以上に強い戦士であるはずの「救い主（メシア）」でありうるでしょうか。

要するに、イエスの生涯全体は、ユダヤ人にとってメシア、世界の救い主と呼ぶには、当時の常識に照らして、あまりにも「不思議」で、破れだらけで、理解困難な生涯でした。当時の大半のユダヤ人にとっては、イエスは「神の国」とやらを夢見た一人のあわれな男にすぎませんでした。

しかし、ほんの一握りの者たちが、それとは違った見方をするようになりました。それは弟子たちです。彼らはイエスが捕まって、裁判にかけられ、やがて十字架に吊るし上げられるのと前後して、イエスを見捨てて逃げてしまいました。しかし、その彼らはやがて逃亡先で、挫折から立ち直って、あの破れだらけのイエスの生涯の中に、神が自分たちに向けている全く新しい語りかけを聞き取ったのです。

当時のユダヤ人の「常識」では、モーセの律法と呼ばれる先祖代々の法律を守って生きる者だけが立派な「ユダヤ教徒」でした。しかし、イエスの弟子たちは皆、その常識で測ったら、取るに足らぬ、無きに等しいような人間でした。自分たちでも、そう思っていたし、人からもそう思われていました。また、同じユダヤ教の常識では、十字架で殺されることは、――繰り返しになりますが――それ以上に取るに足らぬ、無きに等しい者の死に方でした。

ところが、他でもない十字架で殺されたそのイエスにおいて、神が今やユダヤ人の常識を破り棄て、その常識で差別されてきた自分たちのもとへ歩み寄り、友となってくださった。弟子たちはそう考えるようになりました。十字架の上に殺されたイエスこそ、神から遣わされた

「救い主〔メシア〕」だと信じるようになったのです。それはユダヤ教の言うメシアの定義が逆転した瞬間、ひっくり返った瞬間でした。それは同時に弟子たちが挫折から立ち直った瞬間でした。

先ほどご一緒に読んだ箇所（ルカ二8―21）も含めて、福音書のクリスマスの物語の語り手が読者に伝えたいところも同じです。イエスの生涯全体がユダヤ教の常識から見れば「不思議」としか言いようのないものであったこと、しかし、その「不思議」の中にこそ、神の全く新しい語りかけが響いているということです。物語の語り手は、その語りかけに、わたしたち読者もマリアとともに思いを潜めながら、福音書全体を読んでくれるように求めているのです。

＊

今、日本語がまだあまり上手ではない外国人と、何か会話をしなければならなくなったと仮定してみてください。その人がしゃべる日本語は発音も聞き慣れないし、文法も文章もブロークンで、たどたどしい日本語です。でも何とかあなたと意志を通じて、あなたに助けてもらって、直面する問題を解決したいと必死です。そういう時、聞き手であるあなたは、だんだん不安になってくるはずです。

その瞬間が運命の分かれ目です。相手の初めの一言を聞いただけで、「あ、これはだめだ」

と思って、意思疎通の努力を放棄して、立ち去ってしまう人がいる。しかし、反対に、「相手もきっと不安なのに、一生懸命しゃべっているのだから、何とか分かってあげたい」と考える人もいる。そのような人は自分の日本語を一旦宙づりにして、相手の言葉の破れ目を埋めながら終わりまで聞いてあげることができる人です。それはなによりも豊かな感受性、想像力、そして忍耐なしにはできないことです。自分の常識を捨てて、未知なるものとの出会いという危険と冒険に出ていく勇気がなければできません。

クリスマスとは、わたしたちにとって、同じ危険と冒険に出発する時なのです。クリスマスとは、神が破れだらけ、不思議だらけの言葉でわたしたちに向けて発している語りかけです。日頃の「常識」、日頃の言葉を宙づりにして、隙間だらけ、破れだらけの神の語りかけに、耳を傾ける用意があるでしょうか。

（明日館クリスマス礼拝、二〇〇九年一二月二四日）

意味は隙間で生まれる

新一年生の皆さんは、最高学部への進学おめでとうございます。二－四年生の皆さんも、それぞれ進級おめでとうございます。わたしは昨年度（二〇〇九年度）から専任の教師として勤務してきましたが、やはりこの春「進級」して、学部長の責任を担うことになりました。まだいろいろよく分かっていないところが多く、隙間だらけの学部長ですが、どうかよろしくお願いします。

皆さんが社会に出る前に最高学部で過ごす間、生活と学業がどうあるべきなのか。このことについては、今後皆さんと折に触れて意見を交わしていくことになるだろうと思います。ですから、本日のこの始業式では、一点だけ、わたしがぜひとも皆さんに伝えておきたいことに絞ってお話しします。それは今「隙間だらけ」の学部長と言いましたが、学生である皆さんには、大学生活で生まれてくる時間の「隙間」こそが、最も重要だということです。それは皆さんそれぞれの学生生活が充実した実り多いものになるか、それとも惨めな貧しいものとなるかを分ける境目です。

話を分かりやすくするために、もうこの場で授業を始めてしまいましょう。皆さんの手元にプリント資料が配布されていますね。そこに三種類の横文字の記事が印刷されています。

その内の一枚目は、新約聖書のルカ福音書の終わりの部分（二四23以下）です。ルカ福音書に限らず、新約聖書に収められた文書はどれも、最初に書かれた原本は残っていません。多くの人に読まれるために、最初の原本が繰り返し、最初はパピルスに、やがては羊皮紙に筆写されていきました。現在世界各地の博物館や古文書館に大量に残っているのは、そうして筆写されたものなのです。一枚目の資料は、一九世紀にシナイ半島の先端近くにある聖カテリーナ修道院で発見された羊皮紙写本の写真版からのコピーです。発見場所にちなんで「シナイ写本」と呼ばれています。この写本そのものが製作されたのは、四世紀と考えられています。現存する新約聖書の写本としては、最も古いものの一つで、現在はロンドンの大英博物館の古文書室に展示されています。

さて、ためしに最初の五行を見てみましょう。そこには、ギリシア語の大文字が次のように書き連ねられています。

ΕΩΡΑΚΕΝΑΙΟΙΛΕΓΟΥϹΙΝΑΥΤΟΝΖΗΝΚΑΙΑΠΗΛΘΟΝΤΙΝΕϹΤΩΝϹΥΝΗΜΙΝΕΠΙ
ΤΟΜΝΗΜΙΟΝΚΕΥΡΟΝΟΥΤΩϹΚΑΘΩϹΚΑΙΑΙΓΥΝΑΙΚΕϹΕΙΠΟΝΑΥΤΟΔΕΟΥΚΕΙΔ
ΟΝ

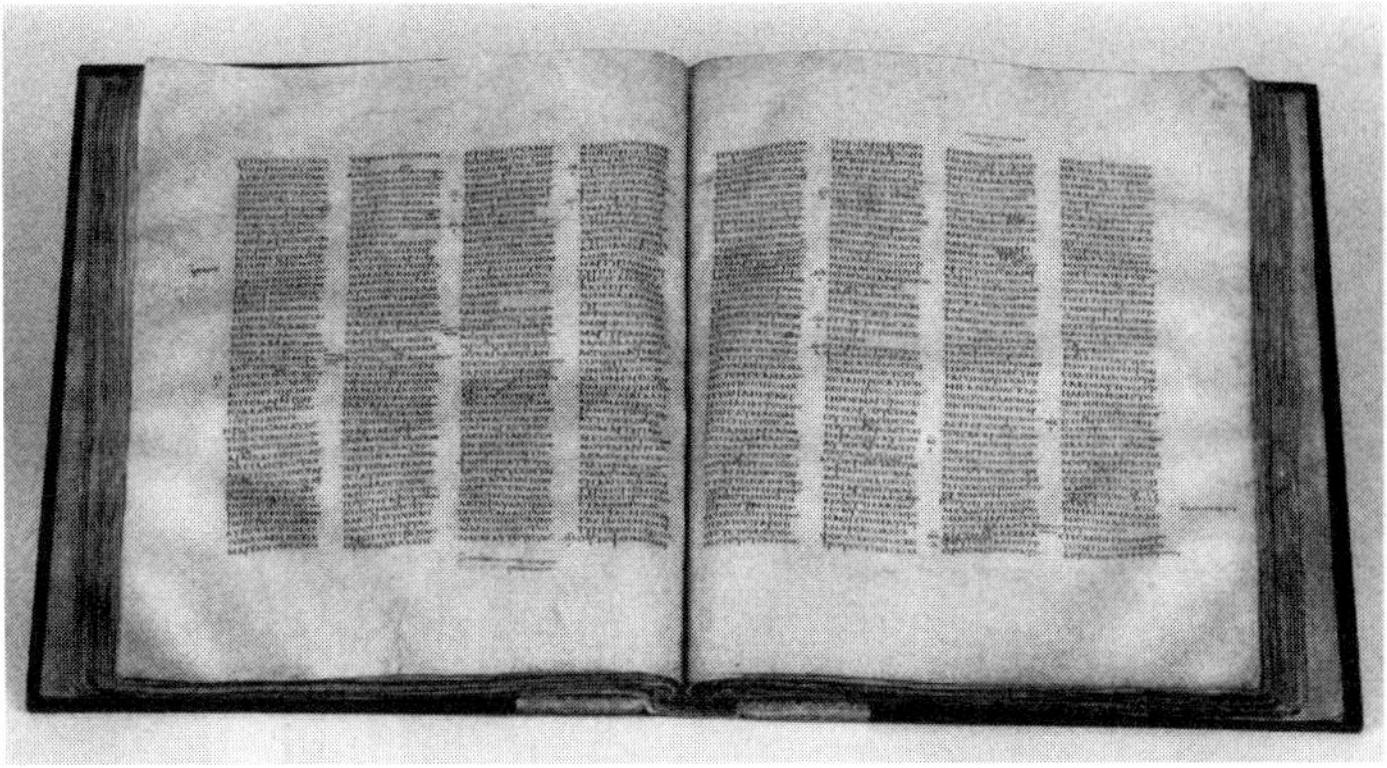

シナイ写本　ヨハネ福音書５：６–６：23の部分

皆さん、読むことができますか。まったく読めないはずです。その理由は、文字がギリシア文字だからでしょうか。そうではありません。単語と単語の間に区切りがないからなのです。

その証拠に、プリントの二枚目を見てください。その最初の部分は次のようになっています。

INTHEBEGINNINGWASTHEWORDANDTHE
WORDWASWITHGODANDTHEWORDWASG
ODHEWASINTHEBEGINNINGWITHGODALL
THINGSCAMEINTOBEINGTHROUGHHIM

こちらも同じように読めないはずです。しかし、実はこちらは、英語で書かれています。英訳の新約聖書のヨハネ福音書の冒頭の部分を、全部大文字にして、単語と単語の切れ目なしに連続させて書き写したものです。ちなみに、通常の英訳聖書では、こう印刷されています。

In the beginning was the Word, and the Word was with God, and the Word was God. He was in the beginning with God. All things came into being through him.

これで最初の読みにくさの原因がお分かりになったでしょう。それは単語と単語の間に切れ目をおかずに、しかも大文字ばかりを連続させて書き連ねていくから読みにくいのです。こういう筆写の仕方のことを「連続筆写」と呼びます。それは新約聖書を書き写した人々だけがしたことではありません。プラトンやアリストテレスというさらに古い時代のギリシアの哲学書、その他の歴史書や文学作品の場合にも、行われてきた伝統的な筆写法だったのです。どうして、そのような筆写法が生まれてきたのか。その理由はわたしにもよく分かりませんが、おそらくはパピルスや羊皮紙が高価だったために、スペースを節約したのではないでしょうか。

それはともかく、大文字だけの連続筆写で書かれた文章を読み解くことは、古代の人々自身にとってもきわめて困難なことでした。現代と違ってすぐにコピーして配布することはできませんでしたから、どんな作品でも誰かが朗読して、他の人はそれを耳で聞き取っていました。古代においては、それが「書物を読む」行為だったのです。そのためには、普通の人には読めない連続筆写の文章を読解して、聴衆が聞き取りやすいように朗読できる人が必要でした。それが「書記」と呼ばれる職業でした。読解と朗読は専門的な訓練を受けた職人の仕事だったのです。

しかし、新約聖書をその後営々と書き写していった写本家たちは、古代から中世にかけての時期に、単語と単語を分けて書くこと、つまり「分かち書き」を発明しました。同時に、それまでは大文字しかなかったところへ、小文字のギリシア文字も発明したのです。小文字のギリシア文字は、皆さんも数学や物理の公式で使われるα、β、γ、θなどで、すでにご存知の通りです。

現在では、新約聖書のギリシア語の本文は、すべて小文字のギリシア文字で、単語と単語を分けて印刷されています。ためしに、資料の三枚目を見てください。さきほど英語で見たヨハネ福音書の冒頭部分は、次のように印刷されています。

Ἐν ἀρχῇ ἦν ὁ λόγος, καὶ ὁ λόγος ἦν πρὸς τὸν θεόν, καὶ θεὸς ἦν ὁ λόγος. οὗτος ἦν ἐν ἀρχῇ πρὸς τὸν θεόν. πάντα δι᾽ αὐτοῦ ἐγένετο.

単語と単語の分かち書きによって、連続筆写よりもスペースをさらに使うことになりますが、小文字になった分スペースが節約できますから、結果として同じくらいかもしれません。

しかし、読みやすさは圧倒的に改善されました。なぜでしょうか。単語と単語の間に切れ目、つまり「隙間」があることが、文章全体の意味の読解を助けてくれるからです。単語と単語の間の「隙間」は意味のない「隙間」ではないのです。その隙間でこそ意味が生まれるのです。隙間が、ある単語をその後に続く単語から分けてくれる。だからこそ、読む人はそれぞれを単語として認識できるのです。その認識ができるから、二つの単語の間のつながり（主語と述語、名詞と形容詞、動詞と副詞など）が分かるわけです。「隙間」は単語と単語を「切る」ことで「つないでいる」のです。昨年度（二〇〇九年度）のイースター礼拝で、わたしは「きれて、つながる」という話をしましたが（本書八－一六頁参照）、単語と単語の間の「隙間」で起きていることも、まさに同じことです。

単語と単語の間の隙間に限りません。文章と文章、段落と段落、章と章の間の空白についても同じことが言えます。その空白を通過するとき、何気ないそのときこそ、わたしたち読者は最も活発に自分の脳を働かせているのです。隙間こそ読者を能動化させるのです。

わたしが皆さんに何を伝えたいのか、もう分かってくれているはずですね。それは言わないまま「空白」にしておく方がよいかもしれません。しかし、敢えて言わせてもらいます。

大学生活が高等学校までと最も異なる点は、生活に「隙間」、つまり「空き時間」が生じることです。高等学校までは、くる日もくる日も教科の時間その他がびっしりと目いっぱい詰まっていて、息が抜けなかったことでしょう。最高学部の場合は、特に最初の一年次は、それ以後にくらべると、やはりカリキュラムがかなりきつく詰まっています。ただし、この点は、程度の差はあっても、一般にどの大学の場合も同じです。

学年が進むにつれて、授業のない時間帯が増えていきます。「隙間」が増えていくのです。しかし、それはある授業で学んだこと（言わば単語）を他の授業で学ぶことと「つなげる」ために、ぜひとも必要なものなのです。その「隙間」でこそ、皆さんは自分で物事を考えなければなりません。その結果、初めは自分と何の関係もないように思われていた授業が、別の授業と突然ショートしてつながることが起きるのです。それが「ひらめき」の瞬間、新しい発見と飛躍の瞬間です。自分で学び研究することの最大の面白さは、そのような瞬間との出会いにあるのです。

それぞれ心と体の健康に気をつけて、この一学期、そしてこの一年間、充実した学生生活を送ってください。


（一学期始業式、二〇一〇年四月一〇日）

外に出て、立つ――驚くことと生きること

使徒言行録一章6－8節、二章1－13節

[6]さて、使徒たちは集まって、「主よ、イスラエルのために国を建て直してくださる
のは、この時ですか」と尋ねた。[7]イエスは言われた。「父が御自分の権威をもって
お定めになった時や時期は、あなたがたの知るところではない。[8]あなたがたの上に
聖霊が降ると、あなたがたは力を受ける。そして、エルサレムばかりでなく、ユダヤ
とサマリアの全土で、また、地の果てに至るまで、わたしの証人となる」。

[1]五旬祭の日が来て、一同が一つになって集まっていると、[2]突然、激しい風が吹
いて来るような音が天から聞こえ、彼らが座っていた家中に響いた。[3]そして、炎の
ような舌が分かれ分かれに現れ、一人一人の上にとどまった。[4]すると、一同は聖霊
に満たされ、〝霊〟が語らせるままに、ほかの国々の言葉で話しだした。
[5]さて、エルサレムには天下のあらゆる国から帰って来た、信心深いユダヤ人が住
んでいたが、[6]この物音に大勢の人が集まって来た。そして、だれもかれも、自分の

故郷の言葉が話されているのを聞いて、あっけにとられてしまった。[7]人々は驚き怪しんで言った。「話をしているこの人たちは、皆ガリラヤの人ではないか。[8]どうしてわたしたちは、めいめいが生まれた故郷の言葉を聞くのだろうか。[9]わたしたちの中には、パルティア、メディア、エラムからの者がおり、また、メソポタミア、ユダヤ、カパドキア、ポントス、アジア、[10]フリギア、パンフィリア、エジプト、キレネに接するリビア地方などに住む者もいる。また、ローマから来て滞在中の者、[11]ユダヤ人もいれば、ユダヤ教への改宗者もおり、クレタ、アラビアから来た者もいるのに、彼らがわたしたちの言葉で神の偉大な業を語っているのを聞こうとは」。[12]人々は皆驚き、とまどい、「いったい、これはどういうことなのか」と互いに言った。[13]しかし、「あの人たちは、新しいぶどう酒に酔っているのだ」と言って、あざける者もいた。

二〇一一年度二学期の始業式にあたり、礼拝をしましょう。

夏休みに入る前の終業式で、夏休みにはそれぞれ学校の講義や部活などから離れて出掛け、外に出ていくこと、場合によっては外国で、何か一つでも新しい発見と驚きを体験してきてもらいたいと言いました。事実、毎年最高学部がネパールで行っている植林と文化交流のワークキャンプに参加して、貴重な体験をした人、あるいは国内でも普段キャンパスの中ではできない社会体験をした人が少なくないはずだと思います。

夏休み、冬休み、春休みという長期の休みがあって、通常の学校生活が中断される、言わば「隙間」ができるからこそ、そのように普段の生活の外へ出て行って、新しい発見と驚きの体験も可能になるのです。すでに何度も言ってきたことですが、もし皆さんが普段学習している英語の文章で、単語と単語の間の分かち書きがなくて、ただアルファベットの文字が果てしなくつながっているだけだとしたら、文章の意味を読解するのはほとんど不可能でしょう（本書の三〇－三一頁参照）。分かち書きによって単語と単語の間に隙間があればこそ、その意味がはるかに楽に読み取れるのです。わたしはそのことを、「意味は隙間で生まれる」と言ってきました。

さて、何かを新しく発見して驚くことは、実はそれまでの自分の「外へ出て行く」ことでもあります。今日は、そのことの大切さについて、わたしが日頃考えていることをお話ししておこうと思います。

まず、さきほど一緒に読んだ使徒言行録一章6－8節では、イエスが十字架刑に処されたときに、われ先にと逃げ去ってしまった弟子たちが、エルサレムで再び一つのところに集まっています。そこに死から復活したイエスが現れて、間もなく彼らに聖霊を注ぐことを約束し、「エルサレムばかりでなく、ユダヤとサマリアの全土で、また、地の果てに至るまで」（8節）福音を宣べ伝えることを命じています。ここで「地の果て」と言われているのは、実は都市ローマのことです。もちろん、大ローマ帝国の首都ローマが「地の果て」であるはずはなく、むしろ大地の中心です。使徒言行録の著者もそのことは十分承知しています。著者が言いたいのは、エルサレムから見たときの都市ローマの遠さなのです。事実、彼は福音がパウロによって首都ローマにまでもたらされたところで、使徒言行録を閉じています（二八章）。

二章1－13節はその聖霊が注がれる場面です。キリスト教文化圏では「聖霊降臨祭」と呼ばれて、毎年国民の休日にもなっています（イースターの後、四－五月）。その場面では、地中海を中心とする諸国に散らばっていたユダヤ人たちが、ユダヤ教の祭りのためにエルサレムに詣でていました。その時に、弟子たちは約束どおり聖霊を注がれて、突然平素の言葉とは異なる外国語をしゃべり始めたと言われています。しゃべっている弟子たち自身にも、自分たちが何語を話しているか分かっていたのかどうか、分かりません。しかし、それを聞いていた諸国からの巡礼のユダヤ人たちには、自分たちが日頃生活している国の言葉であることが聞き分けられたというのです。この場面全体が象徴しているのは、キリスト教の福音が今やエルサレムとユダヤの枠を超えて、はるか「地の果て」ローマまで、つまり全世界に、語り伝えられ始めるということです。

特に注意したいのは、7節に「人々は驚き怪しんで言った」、12節に「人々は、皆驚き、とまどい、『いったい、これはどういうことなのか』と互いに言った」とある文章です。「驚く」という動詞が二回出てきます。諸国からの巡礼のユダヤ人たちは平素それぞれの土地で営んでいる日常生活を中断して休みを取り、はるかエルサレムの神殿に参詣している最中に、驚きの体験をしているわけです。

新約聖書の原本はギリシア語で書かれています。ここで「驚く」に当たる原語はἐξίστημι で、ローマ字表記に直せば existêmi となり、「エクシステーミ」と読みます。もともとの語源から説明すると、ἐξ（ex）とἵστημι（istêmi）の二つの部分から合成された動詞（複合動詞）です。前綴りのἐξ（ex）はもともとは前置詞で「外へ」を意味します。後半が動詞の本体で、もともとはσίστημι（sistêmi）という形でした。そして「立てる」（他動詞）あるいは「立つ」（自動詞）を意味します。そうして合成された動詞が他動詞なら、例えばAさんがBさんを不意に驚かせたために、Bさんの心臓はそれこそ「外へ飛び出す」ほどだったというような場合に使います。自動詞なら、誰であれ、あまりに驚いて、自分が自分でなくなる、つまりそれまでの自分の外へ出てしまうことを意味します。ある人をその人自身の「外に立てること」、またはある人が自分の「外に立つこと」。ギリシア語の「驚く」（エクシステーミ）は、そのことを意味していたのです。

どちらの「驚き」も、わたしたちが新しい自分になってゆくために、実に重要なことです。本当に驚くと、それまで自分の中で多かれ少なかれ調和していたすべてのもの――自然界と社会についての常識、自分自身の価値観など――に、隙間と破れが生じて、全体がバラけてしまいます。カオスになります。そうなると、わたしたちはそれをもう一度あたらしいバランス（均衡）状態へ、リセットせずにはいられません。その瞬間こそ、決定的に貴重な瞬間です。

なぜなら、そのとき、世界が新しくなり始めるからです。新しい世界のバランスと調和は、カオスから生まれるのです。古代ギリシアの哲学者・博物学者であったアリストテレスは、そのことを指して、「知を愛する学〔哲学〕は驚異することから始まる」と言いました（『形而上学』上、岩波文庫、一九七九年、三〇頁）。

一つ具体的な例を挙げてみましょう。例えば、最高学部の最終学年での卒業勉強あるいは卒業研究のほぼ全体がすでにまとまりかけた頃になって、突然なにかの新しい発見が起きて、本当に驚いてしまったとしましょう。すると、まとまりかけていた構想全体をバラして、初めからリセットし直さねばならなくなります。必要な場合には、後戻りして、すでに書き終わった部分を書き直さないと、前に向かって進めないということが起きます。これは毎年、しかも勉強熱心な学生であればあるほど、必ずと言ってよいほど生じることです。学生本人には苦しいことに違いありませんが、教師にはそれを見守るゆとりが必要です。

ついでに、もう一つ外国語の語源の勉強をしましょう。新約聖書がギリシア語で書かれた当時はローマ帝国の時代でした。その統治に使われた言語はラテン語でした。そのラテン語に exsistō「エクシストー」という動詞があります。辞書で調べればすぐ分かりますが、その意味は「存在する」です。皆さんは英語の exist という動詞を知っていますね。英語でも、何かがそこに現に「存在する」ことを意味します。あまり難しく考える必要はありません。人間や生物に限らず、物体が現にそこにあることもこの動詞で表現します。動詞から派生した名詞

existence と形容詞 existent でも、その点は同じです。

興味深いのは、このラテン語がさきほど説明したギリシア語の「エクシステーミ」（ἐξίστημι, ex-sistêmi）と全く同じ形でできていることです。前綴りの ex は「外へ」を意味する前置詞です。後半の sistô は「立てる」（他動詞）あるいは「立つ」（自動詞）を意味する動詞です。ただし、ここでよく注意していただきたいのですが、ローマ人はこの動詞を、ギリシア人のように「驚く」の意味では用いず、「存在する」あるいは端的に「在る」の意味で使いました。ギリシア語の「エクシステーミ」とラテン語の「エクシストー」は、単語の綴りとしてはまったく同じ作りになっているのですが、ギリシア人はそれを「驚く」の意味で、ローマ人は「存在する」の意味で使ったのです。ローマ人にとっては、「外へ立てる」あるいは「外に立つ」ことは、「驚く」ことではなく、「存在する」ことそのもの、人間の生存そのものだったのです。

分かりにくそうなので、ここでも具体的な例を挙げましょう。どこの家でもそうでしょうが、わたしの家でも、子供が小さい頃は、水槽にさまざまな生き物を飼っていました。子供たちが家を出て自立して生活するようになった後も、水槽の中に長く生き残っていたのは一匹の沼エビでした。ところが、それまで大変元気だったのに、ある朝のこと、ふと見てみると、突然死んでいたのです。よくよく様子を見てみると、脱皮に失敗したのです。沼エビには二本の長い前脚があります。その片方の先端が古い殻から抜け切らなかったのです。最後の最後に、とうとう力尽きて死んでしまったのだと思います。これはわたしには、大変な「発見」と「驚き」でした。これは、自分の「外に出て立つ」ことができなければ、「存在する」ことが終わるということなのです。わたしは沼エビの脱皮から、ラテン語「エクシストー」の意味を初めて納得できました。

今日は、ギリシア語の「エクシステーミ」とラテン語の「エクシストー」を対比させてお話ししてきました。古代のギリシア人は驚いて、自分の外へ出ることが、自分を新しくリセットするのに必要だと気づきました。「知を愛する学」がそこから始まりました。ローマ人は、自分の外へ出ることは、「知を愛する学」だけに関わるものではなく、そもそも人間を含む生物あるいは物体が「存在する」ことそのことと関わっていると気づいたのです。どちらも実に含蓄深い言葉遣いではありませんか。

この二学期は行事が多い時期です。夏休みに皆さんそれぞれが学校の外で経験した「発見」と「驚き」が、一つでも多く、新しい存在へつながることを願っています。

（二学期始業式、二〇一一年九月五日）

天地が改まる

今日は夏休み明けから始まった二学期の終業式です。学期末に加えて、年の暮れが迫っています。この時期は、いつもとは違う形で「時間」を経験し、「時間とは何か」について考える絶好のチャンスです。

皆さんも一度は名前を耳にしたことがあるはずですが、古代のカトリック教会の有名な指導者の一人にアウグスティヌス（紀元三五四－四三〇年）という人物がいます。若い時は放蕩生活に明け暮れて敬虔な母親を悲しませるばかりでしたが、やがて回心してキリスト教徒になりました。その道のりを自ら振り返って書いたのが『告白』という著作です。

その『告白』の中に、「時間」について次のような文章があります。

過去のものの現在は記憶〔memoria〕であり、現在のものの現在は直観〔contuitus〕であり、未来のものの現在は期待〔expectatio〕である。

（第XI巻20章、訳文は岩波文庫版〔服部英次郎訳〕による）

アウグスティヌスがこの文章で言いたいことは、時間を測るものは人間の魂（心）なのだということです。時間とは魂の「延長」（広がり）に他ならないのです。過去はそれ自体としては、すでに存在しません。しかし、魂の「記憶」の中に存在し続けます。未来はそれ自体としては、まだ存在していません。しかし、魂の「期待」の中にすでに存在します。それ自体として今現に存在するのは、目の前にある現在だけです。それは目で眺めて直ぐに分かるもの（直観）だというのです。

わたしは長い間、この文章を一種の名言としてだけ聞き流してきました。過去の記憶も未来の期待も現在の自分の中に存在するのだから、目の前のことを直観する現在の中には、過去と現在と未来が凝縮して合体できるということだと、自分勝手に受け取っていました。しかし、アウグスティヌスがこの文章に続く部分で述べていることをよく読んでみると、彼はそれとは正反対の経験を指しているのです。過去を覚えておこう（記憶）、現在をしっかり眺めておこう（直観）、未来に期待しようという三つの営みの間で、自分の魂（心）が散り散りに「分散」してしまうという経験のことです。彼はそのことを次のように告白しています。

しかし、どうであろう。わたしの生命は分散なのである。〔中略〕わたしは、その秩序を知らない時間のうちに飛散し、わたしの思惟はわたしの魂の最奥まで喧噪をきわめる雑多によって切り裂かれている。

（『告白』第XI巻29章）

この文章の背後には、放蕩と淫乱を極めたそれまでのアウグスティヌス自身の生活が潜んでいることでしょう。有名な「アウグスティヌスの回心」とは、そのような時間の中への分散と飛散から脱出して、自分を集中することでした。しかし、一体何処へ向かって集中するのでしょうか。その問いに、アウグスティヌスはこう答えています。

わたしの以前の行状から呼び戻されて、一なるものを追い求めるようにされたのである。そしてわたしは過去のものを忘れ、まさに来たって過ぎ去ろうとするものに向かってではなく、前にあるものに向かって、分散せずに緊張し、分散をやめて一心不乱に天国への召命の褒美を得ようと追い求めているのである。

（『告白』第XI巻29章）

あなた〔神〕はつねに現在である永遠性の高所に立って、すべての過ぎ去ったものに先立ち、すべての来らんとするものをも凌駕される。〔中略〕あなたの一日は日毎のものではなく、今日という一日である。あなたの今日という日は、明日という日に席をゆずることがないからである。また、明日という日につづくこともない。あなたの今日という日は永遠性である。

（『告白』第XI巻13章）

過去、現在、未来のすべての時間が一つに凝縮するのは、雑多に引き裂かれた人間の魂の中ではなく、「あなた〔神〕の今日という日」なのです。アウグスティヌスは、そこへ向かって集中することによって、時間の中への自分の生命の分散を乗り越えようとしたのです。

わたしたちの平素の生活で、そのような集中を取り戻す最大のチャンスは、毎朝始業前の礼拝の時間です。静かに着席して心を鎮め、参加者全員で讃美歌を歌い、そして友人や先生たちの懸命な言葉を聞きます（自由学園最高学部では、礼拝を教師のほか学生全員で順に担当している）。

世の中では、年末年始こそ、時間が新しく経験される絶好の機会です。なぜなら、そこでは「終わり」が新しい「始まり」と重なり、新しい「始まり」がすでに「終わり」の中へ入り込んでくるからです。特に卒業年次生にとっては、新しい年が始まるとすぐに、学生生活の終わりと社会人生活の始まりが重複してきます。「終わり」が新しい「始まり」とそのように重複するときには、不思議なことに、天地《あめつち》が改まって新しく見えてくるものです。そういう経験は誰にでもあるのではないでしょうか。

わたしは普段は忙しさに追われて、ゆっくり散歩をしている暇もありません。しかし、正月から三月にかけて、散歩をすると、道ばたにスミレの株と花を見つけることがあります。スミレは園芸や農芸の視点からは、邪魔者あつかいされるようですが、わたしにはスミレを見つけた時こそ、雑多に引き裂かれた心が我に帰る瞬間です。

実は聖書にも、それと似た話があります。創世記三章では、禁断の木の実を食べたアダムに神がこう言います。

お前のゆえに、土は呪われたものとなった。お前は、生涯食べ物を得ようと苦しむ。お前に対して、土は茨とアザミを生えいでさせる。野の草を食べようとするお前に。

（創三17－18）

「野の草」とは野菜のことです。人間が野菜を栽培しようとすると、茨とアザミが邪魔をする。茨とアザミは、ここでは同意語で、「土の呪い」の象徴です。

ところが、イエスは有名な山上の垂訓の中で、こう言います。

なぜ、衣服のことで思い悩むのか。野の花がどのように育つのか、注意して見なさい。働きもせず、紡ぎもしない。しかし、言っておく。栄華を極めたソロモンでさえ、この花の一つほどにも着飾ってはいなかった。今日は生えていて、明日は炉に投げ込まれる野の草でさえ、神はこのように装ってくださる。まして、あなたがたにはなおさらのことではないか。

（マタ六28－30）

ここでイエスが見ている「野の花」と「野の草」は、アザミと茨とのことだと考えられます。ところがイエスの見方は、先ほどの創世記三章とはまるで正反対です。わたしが散歩しながらスミレを見つけては思い起こすのは、創世記三章とマタイによる福音書六章のイエスのこのコントラストです。

実は、イエスのこの感覚は、イエス独りのものではありません。もっと普遍的なものです。わたしが大好きな『あざみの歌』の歌詞は、こうなっています。

1　山には山の　愁いあり
海には海の　悲しみや
ましてこころの　花園に
咲きしあざみの花ならば

2　高嶺の百合の　それよりも
秘めたる夢を　ひとすじに
くれない燃ゆる　その姿
あざみに深き　わが想い

特に二番の歌詞はすばらしいと思います。それはあざみが「改まって」、つまりは「天地が改まって」、人間の魂がそれまでの分散と飛散から解放された瞬間を歌っています。

イエスが「土の呪い」とされていたあざみに「ソロモンの栄華」を超える美しさを直観したとき、イエスは「過去」、「現在」、「未来」というすべての時間を一つに合体するような「今」を生きていたのだとわたしは思います。それをわたしはかねてから、イエスの「全時的今」と呼んできました。それはイエスの「神の国」のメッセージと深くつながっているのです（詳しいことは、拙著『イエスという経験』岩波現代文庫、二〇一四年、八〇頁以下を参照）。

（二学期終業式、二〇一〇年一二月二二日、二〇一一年一二月二二日、二〇一二年一二月二二日）

神の愛——無を有に変える力

ローマの信徒への手紙八章31－35節

[31]では、これらのことについて何と言ったらよいだろうか。もし神がわたしたちの
味方であるならば、だれがわたしたちに敵対できますか。[32]わたしたちすべてのため
に、その御子をさえ惜しまず死に渡された方は、御子と一緒にすべてのものをわたし
たちに賜らないはずがありましょうか。[33]だれが神に選ばれた者たちを訴えるでし
ょう。人を義としてくださるのは神なのです。[34]だれがわたしたちを罪に定めるこ
とができましょう。死んだ方、否、むしろ、復活させられた方であるキリスト・イエ
スが、神の右に座っていて、わたしたちのために執り成してくださるのです。[35]だ
れが、キリストの愛からわたしたちを引き離すことができましょう。艱難か。苦しみ
か。迫害か。飢えか。裸か。危険か。剣か。

今ご一緒に読んだローマの信徒への手紙を書いたのはパウロです。彼はおそらくイエスとほぼ同じ頃、タルソという街の裕福なユダヤ人家庭に生まれました。青年期から律法学者になる

ための修練に励み、抜群の超エリートでした。そのことはパウロ自身が後になってから、「律法に関してはファリサイ派の一員、熱心さとモーセの律法を守る点では、非のうちどころのない者だった」（フィリ三5－6）と述べている通りです。

パウロは生前のイエスとは一度も会ったことがないと考えられています。しかし、イエスが処刑された後、間もなく、イエスを救い主と信じる者たち（キリスト教徒）がいることを知りました。「聞くところによれば、イエスとかいう男はモーセ律法をないがしろにした挙句、こともあろうにユダヤ人の不倶戴天の敵ローマの手によって、十字架につるし上げられて処刑されたそうだ。そんな奴は、ユダヤ人にとっては、神から呪われた男に他ならない。そんな男を救い主などと信じる輩は、神の名によって滅ぼされねばならない」。

そう考えたパウロはキリスト教徒に対する弾圧の先頭に立っていました。パウロはそのことを、やはり後になってから、「私は徹底的に神の教会を迫害し、滅ぼそうとしていた」と述懐しています（フィリ三5－6、ガラ一13－14）。一言でいえば、パウロはモーセ律法を金科玉条として守ることに熱中した「ユダヤ教ファンダメンタリスト（原理主義者）」だったのです。

そのパウロがどうしてキリスト教最大の伝道者に変身できたのでしょうか。その最大の理由は、パウロが表向きはユダヤ教の超エリート、ファンダメンタリストとして振る舞いながら、実は自分の内側に深刻な分裂を抱え込んでいたという事実です。そのことをパウロは、またもや後になってから、同じローマ書の七章でこう述懐しています。抜粋で読んでみましょう。

[9]わたしは、かつては律法とかかわりなく生きていました。しかし、掟が登場したとき、
罪〔sin、単数形〕が生き返って、[10]わたしは死にました。そして、命をもたらすはずの掟
が、死に導くものであることが分かりました。[11]罪〔sin〕は掟によって機会を得、わた
しを欺き、そして掟によってわたしを殺してしまったのです。〔中略〕[13]それでは、善い
ものがわたしにとって死をもたらすものとなったのだろうか。決してそうではない。実
は、罪〔sin〕がその正体を現すために、善いものを通してわたしに死をもたらしたので
す。[14]〔中略〕しかし、わたしは肉の人であり、罪〔sin〕に売り渡されています。[15]わた
しは、自分のしていることが分かりません。自分が望むことは実行せず、かえって憎んで
いることをするからです。〔中略〕[20]もし、わたしが望まないことをしているとすれば、
それをしているのは、もはやわたしではなく、わたしの中に住んでいる罪〔sin〕なので
す。〔中略〕[24]わたしはなんと惨めな人間なのでしょう。死に定められたこの体から、だ
れがわたしを救ってくれるでしょうか。

（ロマ七9－24）

ここで言われている「罪」（sin）とは、モーセ律法が定めている一つ一つの「掟」に違反することではありません。もしそうならば、「罪」は複数形（sins）になっていたはずです。ところが、パウロはこの箇所で単数形の「罪」について語っています。それは一つしかない罪、つ

まり、根源的な罪を指しています。律法の掟を他の誰よりも沢山守り、自分が他の誰よりも「義しい」人間であることを証明し、神に受け入れてもらおうとする生き方、それまでのパウロの生き方そのもののことです。

このように、「掟」が人間の「宗教的」な真面目さの競争を煽っています。一度その競争心に取り憑かれると、もう容易にそれから抜け出せません。そのことをパウロは「罪は掟によって機会を得、わたしを欺き、そして、掟によってわたしを殺してしまった」(11節)と表現します。同じことを、別の手紙では「死のとげは罪であり、罪の力は律法です」(一コリ一五56)とも言い表しています。それを逆から読み直せば、律法は「罪の力」、罪は「死のとげ」なのです。

繰り返しますが、パウロはモーセ律法というユダヤ教の規範を誰よりも熱心に守ろうとする競争心そのものが、根源的な罪であることに気づいたのです。20節の後半からは、その罪はパウロを捕まえて離そうとしない強大な力として感じ取られていることが分かります。別の手紙でパウロは、その強大な「罪の力」のことを「律法の呪い」(ガラ三13)と言い直しています。「死に定められたこの体から、だれがわたしを救ってくれるでしょうか」(ロマ七24)というパウロの絶叫は、その「律法の呪い」からの解放を求める絶叫に他なりません。

ところが、パウロは深刻なその自己分裂の只中で、もう一人自分と同じように律法によって呪われた人がいたことに気づきます。それは他でもない、十字架にかけられて、なぶり殺されたナザレのイエスという男です。パウロはすでにそれ以前に、イエスのことを伝え聞いて、「律法によって呪われた男」だと思っていました。その時、まだユダヤ教原理主義者だったパウロにとっては、モーセ律法は神の意志そのものでした。ですから、イエスは「神によって呪われた」男（申二一22－23）に他なりませんでした。ところが、今やパウロは「律法によって呪われる」ことと「神によって呪われる」ことが同じではないことに気がつくのです。たしかにイエスは、自分（パウロ）と同じように、「律法によって呪われて」いる。しかし、イエスのなぶり殺しの処刑は、神自身が今や律法を無視して起こした新しい行動だったのではないのか、と考えました。こうして今や、パウロの中で大逆転が起きたのです。イエスの十字架上の処刑は、他でもない神が自分の「独り子」を十字架という屈辱の死に捨てた出来事だ、とパウロは受け取り直すのです。「独り子」を捨てる。それは独り子の親にとっては、自分自身を捨てるのと同じことです。ですから、イエスの十字架上の処刑は、言わば神が自分自身を捨てた行動なのです。この逆説への気づきこそ「パウロの回心」と呼ばれる事件です。

　しかし、何のために神はそのような行動を起こしたのでしょうか。パウロはこの問いに、こう答えます。神は「わたし（たち）を律法の呪いから解放するために」この行動を起こした、イエスは神の独り子であったにもかかわらず、「わたしたちを律法の呪いから贖い出すために」十字架にかけられたというのです。そこまでして、イエス・キリストの父なる神は、「律法の呪い」、すなわち「宗教的」真面目さの競争から抜け出せず、自己分裂に陥り、ついには自分のことを生きていても死んでいるような惨めな存在として裁いているパウロの仲間となってくれた。そういうパウロを丸ごと、ありのまま受け入れてくれたのです。「パウロよ、お前は虚無ではない。お前は有る。お前は存在している」と呼んでくれた神。それはパウロにとって、「無から有を創造」する神でした。

神のこの新しい行動によって、モーセ律法は今や拘束力を失ってしまいました。確かにそれは同じ神が、かつてモーセを通してユダヤ人の祖先たちに与えたものでした。しかし、神は絶対的に自由です。かつての行動がそうだったからと言って、それに縛られて新しい行動を憚ることがないのです。聖書の神は行動し、変化する神なのです。モーセ律法はすでに「古い」行動として、神自身によって乗り越えられてしまいました。イエス・キリストの十字架に示された神の新しい行動を受け容れる者は、ただそう受け容れることだけで救われる。これがパウロの新しい確信です。人は今や「律法から自由」なのです。だから、それまでユダヤ人がしてきたように、律法を規準にして「異邦人」を差別する理由も全くなくなりました。パウロはそのことを、「ユダヤ人もギリシア人もなく、奴隷も自由な身分の者もなく、男も女もありません」（ガラ三28）と表現します。だからこそ、パウロはユダヤ教の枠を超え、地中海世界を股にかけて福音を宣べ伝えていったのです。

しかし、律法が拘束力を失ったからと言って、イエスを救い主と信じる者は自由勝手に生きてよい、とはパウロは言いません。律法の定めに従うべきところは当然従うのです。否、以前にまして、そうするかもしれません。しかし、それはもはや自分の義しさ（業績）を他者と比較して、自分の方が優れていることを証明するためではないのです。すでに神が自分をありのまま受け容れてくれている。だから後は安心して、それにふさわしく生きれば、それでよいのです。人は今や「律法からの自由」に対して「律法への自由」、すなわち律法を進んで守る自由も得ているのです。その時、律法は「善いもの」（ロマ七13）に変わります。それを守ることは「よい」ことです。しかし、大事なのは、それを「よいこと」と言って誇らないことだ。これがパウロの見方です。

　それにしても、パウロが経験したような大逆転、「回心」はどうして起こり得るのか、そこが不思議だ、と思うかもしれません。しかし、パウロに言わせれば、それは神から無条件の愛を告白された、ということでした。「自分みたいな者でも、ありのままで愛してくれる」神をパウロは突然発見したのです。そのような無償の愛、無条件の愛によって愛される瞬間こそ、わたしたちがどんな失意の中にあっても、新しく生きる勇気を与えられる瞬間ではないでしょうか。それは出来事です。愛は事件なのです。愛はあらかじめ予測も計算もできません。だからそれは理屈で説明もできないのです。逆に、理屈で説明できるような愛は無条件の愛ではないはずです。自分が必死で自分自身に付け加えてきた「付加価値」と相手の「付加価値」を見比べて、お互い受け入れるかどうか判断に迷うような「愛」――もしそれを「愛」と呼ぶとして――その行く末は知れています。

わたしは学生からよく質問されます。「先生、どうしてキリスト教でなくては駄目なのですか？　他の宗教、神さま、仏さまもあるじゃないですか？」。わたしはこの質問に、理論的に答えることができません。その理由は、真に愛し合っている男女が、「どうして相手がその人でなければ駄目なの？　他に男も女も大勢いるじゃないの」と聞かれて、あるいは皆さんの両親が、「お母さん、どうしてお父さんだったの？　他にも男はいたでしょう。お父さん、どうしてお母さんだったの？　他にも女はたくさんいたでしょう」と聞かれて、答えられないのと全く同じ理由です。

パウロは回心した後も、生涯にわたって独身でした。最後にはローマで、おそらく殉教の死を遂げました。それまで、値なきわが身を無条件の愛で愛してくれた神、今なお愛してくれている神の愛を全身で感じつつ生きました。パウロの回心は愛の出来事だったのです。

皆さんもそれぞれ、これからの人生の中で、誰かから、そのような無償の愛によって愛されるようになることを、わたしは願って止みません。それは、前にも述べたように、外からやってくるのです。しかし、人間は明日の命は分かりません。そのような無償の愛にも、ある日終わりが来るということがあるかもしれません。そのどちらの時にも、ぜひ今日のパウロの話を想い起こしてください。

最後に今夕の聖書箇所の35節と39節をもう一度読みましょう。

だれが、キリストの愛からわたしたちを引き離すことができましょう。

高い所にいるものも、低い所にいるものも、他のどんな被造物も、わたしたちの主キリスト・イエスによって示された神の愛から、わたしたちを引き離すことはできないのです。

（卒業夕礼拝、二〇一二年三月一九日）

毎朝の礼拝について

皆さん、お帰りなさい。それぞれ元気で良い新年を迎えたことと思います。今日から新しい気持ちで、二〇一二年度の残された時を有意義に過ごしましょう。特に四年生にとっては、残された学生生活最後の時間です。この最後の三か月、そしてその後の社会人生活の最初の数か月をどう過ごすかは、わたしの経験からしても、それぞれの人生にとって決定的な意味を持つことになるでしょう。そういう気持ちから、今朝は毎朝の礼拝をどう受け取るべきかについて、わたしの考えをお話ししておきます。

まず最初に、わたしは礼拝で毎回一番前の席に座っています。それは皆さんが順番に担当する話を「チェック」するためでは決してありません。すでに知っている人も少なくないはずですが、それは単純に、わたしの耳が少し遠くなってしまっていて、事実、人によっては声が小さくて、一番前でないと聞き取れないからなのです。この点、誤解のないようにまず真っ先にお断りしておきます。

さらにわたしは、皆さんの礼拝での話が「立派な話でなければならない」とは全く思っていません。ですから、「チェック」する気などさらさらありません。礼拝での話は、就職活動の面接での自己アピールとも違います。あらかじめの訓練など必要ありません。必要なのは、その時々の自分の思い、つまり自分自身を正直に語ることだけです。

皆さん意外に思うはずですが、原始キリスト教最大の伝道者パウロも、礼拝やそのほか人前での話が「へたくそ」だったのです。

1兄弟たち、わたしもそちら〔コリント〕に行ったとき、神の秘められた計画を宣べ伝
えるのに優れた言葉や知恵を用いませんでした。2なぜなら、わたしはあなたがたの間
で、イエス・キリスト、それも十字架につけられたキリスト以外、何も知るまいと心に決
めていたからです。3そちらに行ったとき、わたしは〔アテネの伝道講演での大失敗で〕衰
弱していて、恐れに取りつかれ、ひどく不安でした。4わたしの言葉もわたしの宣教も、
知恵にあふれた言葉によらず、〝霊〟と力の証明によるものでした。5それは、あなたが
たが人の知恵によってではなく、神の力によって信じるようになるためでした。

（一コリ二1－5）

10わたしのことを、「手紙は重々しく力強いが、実際に会ってみると弱々しい人で、話も
つまらない」と言う者たちが〔コリントのあなたがたの中にも〕いるからです。11そのよう

な者は心得ておくがよい。離れていて手紙で書くわたしたちと、その場に居合わせてふるまうわたしたちとに変わりはありません。

（二コリ一〇10－11）

コリントの信徒たちは、初めて会ったばかりなのに、疲れ果てたパウロの「隙間だらけ」の下手な話を、その「隙間」を埋めながら聞いてあげたのですね。パウロはそのことをここで振り返って、改めて感謝しているのです。もちろん、その後もいろいろ言う人はいましたし、コリント教会全体でもいろいろ問題を起こしてパウロを悩ませましたが、それでもコリントの人々はパウロが一番大事にした信徒たちでした。

あまりに立派で堂々とした話は聞く者を圧倒します。しかし、下手で隙間だらけ、しかし正直な話は、聞く者の中に「愛」を呼び起こします。その隙間をつなぎながら、何とかその人を分かろうとする愛のことです。その時、聞く者は相手を分かろうと必死になりますから、自分を忘れます。自分の外へ出ます。脱皮します。新しくなります。

もちろん、上手な話を聞く方が楽です。労力が少なくて済むからです。反対に、もし話し手が話の途中で言葉に詰まって、立ち往生したら、「隙間」ができたらどうでしょうか。実は、わたしは何回かそういう局面に接したことがあります。それどころか、わたし自身がそうなったことも何度もあります。しかし、わたしはその両方を経験することで、自分が少しずつ脱皮してきたと思います。最初に言いましたように、人の話を聞く時に「立派かどうか」、いわゆる「立派主義」の規準では聞かないようにしていると言ったのは、そういうことです。

学部の礼拝は「隙間だらけ」です。そもそもその日の礼拝で話をする担当に当たっていながら、来ない者がいます。これは「隙間」ではなく、「大穴」をあけることであって、弁護の仕様がありません。しかし、正直に自分を語るのであれば、「隙間だらけ」で構わないのです。構えて立派な話をしなければならない規則はありません。

重要なのは、むしろ聞く側の態度です。「わざわざ朝早く起きて、聞きに行くのだから、立派な話、レベルの高い話でなければ時間の無駄だ」などと仮にも考えてはなりません。それでは、その人は脱皮できません。新しくなれません。話し手の「隙間」を埋める「愛」を培うチャンスを失います。

学部での生活についても同じです。礼拝参加は確かに自由意志に委ねられています。言わば「隙間」の一つです。しかも、一日の初めにありますから、文章に喩えれば、段落の冒頭の「インデント」の部分に当たるとも言えるでしょう。でもその隙間も含めて、一日の隙間をつなげてゆくかゆかないか、それによって、一日の生活の「意味」が生まれるか、それともすべてが空中分解するかが分かれます。何のための学部生活か分からない、何のために社会人になるのか、何のために生きているのか分からない、と分解してしまいます。すべてこれらは「空中分解」による意味喪失の現象です。アウグスティヌスはそれを「分散」と呼びました。時間はあるのに（他に特別優先すべき用事はないのに）ただ礼拝に出ないでいる自分を発見したら、そのときの自分が何をしているのか、その日がどういう一日になったか、どういう時間の使い方になったかを真剣に顧みてください。時間はいのちです。時間がバラバラに空中分解するから、「いのち」が空中分解するのです。

アウグスティヌスはそのような「分散」の反対を「集中」と呼びました。それは時間と「いのち」の使い方を指しています。以前にも一度紹介しましたが、関心のある人は『告白』という著作を読んでみてください（四四－四七頁参照）。隙間だらけの学部の礼拝は、相手の隙間をつなぐことに集中しながら、自分が新しくなる絶好のチャンスなのです。それぞれ残された時間、そのチャンスを活かしてください。

（三学期始業式、二〇一三年一月一〇日）

「神の面前で、神とともに、神なしで生きる」
――卒業する学生に向けて

マタイによる福音書七章21－23節

[21]「わたしに向かって、『主よ、主よ』と言う者が皆、天の国〈神の国〉に入るわけではない。わたしの天の父の御心を行う者だけが入るのである。[22]かの日には、大勢の者がわたしに、『主よ、主よ、わたしたちは御名によって預言し、御名によって悪霊を追い出し、御名によって奇跡をいろいろ行ったではありませんか』と言うであろう。[23]そのとき、わたしはきっぱりとこう言おう。『あなたたちのことは全然知らない。不法を働く者ども、わたしから離れ去れ』」。

この文章の語り手はイエスです。ですから、最初の「わたし」はイエス自身を指しています。すると、ここに出てくる「大勢の者たち」は、イエスを奴隷にとっての主人であるかのように、あるいは人間にとっての神であるかのように崇拝して、「自分たちの行動〈預言、悪霊祓い、奇跡など〉はすべて、あなたの御名によって行ったことです」と言っていることになります。ところが、イエスはそういう彼らのことを「全然知らない」と言って退けます。なぜでしょうか。その理由は、彼らのその言い方は、自分の行動に自分で責任を負わず、「主」あるいは「神の子」イエスの責任に転嫁しているからです。そのようにわたしは思います。

事実、おそらく皆さんもよく知っているイエスの有名な言葉の中には、「しかし、よく聞きなさい〔アーメン〕。このわたしは言っておく」という言い方が繰り返し出てきます。数え切れないほどありますが、今はその内の三つだけ見ておきましょう。

(1)マタイによる福音書五章21－22節
「あなたがたも聞いているとおり、昔の人は『殺すな。人を殺した者は裁きを受ける』と命じられている。しかし、わたしは言っておく。兄弟に腹を立てる者はだれでも裁きを受ける」。

(2)マタイによる福音書五章38－39節
「あなたがたも聞いているとおり、『目には目を、歯には歯を』と命じられている。しかし、わたしは言っておく。悪人に手向かってはならない。だれかがあなたの右の頬を打つなら、左の頬をも向けなさい」。

(3)マタイによる福音書一八章3節

「アーメン、わたしははっきり言っておく。心を入れ替えて子供のようにならなければ、決して天の国に入ることはできない」（傍点部は、新共同訳を変更）。

わたしの長男が自由学園の男子部高等科生だったある日、わたしにこうもらしました。「お父さん、イエスの偉そうなところが、好きになれないよ」。「どうして偉そうなの？」と、そのわけを聞いてみると、今見たようなイエスの物の言い方が最大の理由でした。

息子の感覚は、実はきわめて常識的で正常な感覚です。イエスと同じ時代のユダヤ人（特にその指導者）たちにとっても、イエスは「偉そうきわまりない奴」でした。旧約聖書の預言者（アモス、ホセア、イザヤ、エレミヤ他）のことを少し思い起こしてください。彼らもそれぞれの時代のユダヤ人たちにとっては、「偉そう」にも神の言葉を「預かって」、自分たちを批判しては止まないうるさい連中でした。そのために、ほとんどの預言者が同胞のユダヤ人たちから迫害されて、あわれな最期を迎えました。しかし、その預言者たちでさえ、神から預かった言葉を告げるときには、いつもその冒頭か結びに、「～と主（神ヤハウェ）は言われる」と付け加えるのが普通でした。例えば、アモス書二章4節には、こうあります。

主（神ヤハウェ）はこう言われる。
ユダの三つの罪、四つの罪にゆえに
わたしは決して赦さない。
彼らが主の教えを拒み
その掟を守らず
先祖も後を追った偽りの神によって
惑わされたからだ。

ところが、イエスは決してこういう言い方をしません。そうではなくて、「アーメン、よく聞きなさい。わたしは言っておく」と言うのです。イエス時代のユダヤ人の日常語であったアラム語で「アーメン」とは、「その通りです」という意味でした。つまり、普通は聞き手が語り手の言ったことに賛成するときの表現なのです。ところが、イエスは自分の言い分を言う前に、「アーメン」と宣言して相手の同意を勝手にとりつけてから話し始めるのですから、聞き手の側からすれば、これほど嫌味な奴はいないわけです。案の定、ユダヤ人たちは、イエスに対して、「おまえは、人間なのに、自分を神としている」という非難を浴びせます（ヨハ一〇33）。それが最終的にはイエスの処刑の理由とされてゆきます。

それでは、イエスは人間である自分を本当に神としたのでしょうか。わたしは違うと思います。イエスはあくまで人間としての自分の責任で発言したのです。自分の発言をそのまま「神の御名による発言」、「神の発言」に転嫁することを可としなかったのです。

*

話は変わりますが、ナチス時代のドイツに、ディートリッヒ・ボンヘッファーという神学者がいました。ベルリンの名家の出身で、将来を嘱望された若き神学者でした。しかし、その彼がヒトラー直属の陸・海・空軍と並ぶ国防軍の中の情報部に嘱託として採用されます。情報部の本来の役割は、ヒトラーに対する反乱を事前に察知して潰すことでした。ところが、その情報部がヒトラー暗殺計画の中心になって実行準備を進めていたのです。

神学者であると同時に牧師でもあったボンヘッファーが、その計画に加わったのです。その計画は一九四四年七月二〇日に、実行に移されましたが、最終的に失敗に終わりました。ボンヘッファーもさまざまな逃避行の後、捕縛され、一九四五年四月九日に処刑されました。処刑される前のしばらくの期間、牢獄につながれていました。その間に家族や多くの友人たちに書き送った手紙が、後に編集されて、『獄中書簡集』という一冊の本になっています。

その中に、「神の面前で、神とともに、神なしで生きる」という有名な文章があります。その意味を、ごく手短かに要約すれば、たしかにニーチェがいみじくも喝破したように、現代世界では「神はすでに死んでしまった」のです。しかし、その神とは、人間が自分の発言や行動に責任を取れないときに、代わってそれを負ってくれるような神、つまり、「主よ、主よ」と言って、泣きつくことをゆるしてくれるような神のことに過ぎない。そういう神は確かにもう「死んでしまった」。だから現代世界の人間は――とボンヘッファーは言います――自分で自分の言動に責任を負わなければならない。つまり自立して「成人」しなければならないのです。

しかし、ボンヘッファーによれば、泣きつくことをゆるす神が死んでも、新約聖書が指し示している神はそれとは別の神であって、決して死んではいないのです。ちょうど親が、成人した息子あるいは娘が自分の責任で行動することを喜ぶのと同じように、神も成人した人間を喜ぶのです。生前のイエスが先ほど一緒に読んだような言葉（マタ七21－23）で、指し示した神はそのような神です。親が自立した子供、親なしに生き始めた子供を離れたところから見ているように、その神は「成人」した人間が「神なし」に生きる様子を見ています。現代世界の人間は、「成人」を迎えた人間が「親の面前で、親とともに、親なしで生きる」ように、「神の面前で、神とともに、神なしで生きる」べきだと言うのです。

＊

「主よ、主よ」と言わずに、「わたしは～と思う」と言っていくには、大きな勇気が必要です。しかし、それが人間に実行可能な最大の誠実なのです。自分の行動を親や神の責任に転嫁しないということです。そして親の判断、神の判断は、親と神に委ねる他ありません。

わたしにも、その責任を自分以外の誰にも転嫁できない決断を迫られたことがあります。振り返ってみると、わたしのこれまでの生涯で最大の決断だったのではないかと思います。それは大学を卒業して入社二年目に退職して、研究者の道を目指して方向転換したことです。一九七〇年の春のことでした。明日が大学院の入学試験という日、浜松の職場で残業になりました。夜遅く、もう明日行われる東京での受験のことは諦めて、帰宅しようとＪＲ（当時は国鉄）の駅まで来ました。すると、大垣始発の各駅停車の列車が一本だけまだ残っていました。それに飛び乗って、東京駅に着いたのは明け方でした。出張の度に使っていた港区の古い旅館を訪ねて入れてもらいましたが、布団部屋しか空いていませんでした。そのまま眠らず、試験の準備をしました。女中さんが炭火を起こして持ってきてくれたことが今も忘れられません。

大げさなようですが、これが、わたしが「人間はたった独りだ」ということを経験した原点です。しかし、この体験は友人を得ること、友人を大切にすることと決して矛盾するものではありません。むしろ、同じコインの両面です。その証拠に、会社時代（わずか二年間）の同僚は、それ以来現在まで、わたしにとって最も親しい友人たちであり続けています。

皆さんの場合にも、それぞれに、最終的に自分一人で決断しなければならない局面が必ず訪れるとわたしは確信しています。もちろん、すでに高等科から最高学部への進学のとき、就職活動や他大学への入学試験のときなど、これまでにも決断のときはあったはずです。しかし、社会人として迫られる決断の重さは、その比ではありません。それはいつ、どういう形で訪れるかは分かりません。それは自分の思いを超えた出来事、事件としてやってくるからです。

そのとき、「神の面前で、神とともに、神なしで（Coram Deo, Cum Deo, Sine Deo）生きる」の「神」（Deo）のところに、代入できる存在がいるかどうかが死活的に重要になってくるはずです。わたし個人としては、その時皆さんにぜひ、先ほど一緒に読んだ言葉でイエスが指し示していた神のことを思い出してもらいたいと思っています。

イエスはその神のことを同時に「父」とも呼んでいました。つまり、繰り返しになりますが、「神の面前で、神とともに、神なしで生きる」は、「親の面前で、親とともに、親なしで生きる」とも言い換えることができるわけです。言い換えれば、自立した人間の生き方として、聖書を超えた普遍性を持っているのです。

ですから、たとえイエスの神ではなくても、その「神」の場所に代入できる人物、尊敬できる人物を、ぜひ見つけてください。そういう人に早く出会ってください。それは親ではなくて、友人、同僚、上司かもしれません。生涯のパートナーかもしれません。そういう存在に恵まれることこそ、おそらく人生の最大の幸福ではないでしょうか。皆さん一人ひとりに、その幸福を祈っています。

（卒業夕礼拝、二〇一三年三月一九日）

真理は「ガラクタ」の中に

新入生（新一年生）の皆さん、最高学部へようこそ。そして二年生以上の皆さん、お帰りなさい。見たところ、全員、事故や怪我もなく無事に帰ってきてくれたようで、何よりです。

さあ、いよいよ新学年の新学期が始まります。今日のこの始業式で何を皆さんに話したらよいか、かなり考えました。その結果、「真理は『ガラクタ』の中にある」ということをお話ししておくべきだ、と思い当たりました。

そう思ったきっかけは、去る二月の後半、年度末の試験期間も終わった後だったと思います。この講堂の入り口と外への通用門の間のスペースで、SくんとIくんが、電動式の丸ノコを使って、目には木屑よけの透明の防護マスクをつけて、木工作業をしていました。

でもわたしは最初、それが誰なのか全く気がつきませんでした。なぜかと言えば、わたしが最初に目を止めたのは、彼らが素材としてすぐそばに立てて置いていた木材の方だったからです。それは杉か檜でした。しっかりと製材して、これから何かの建築に使うというような正式の用材ではなく、使い残しの木材、つまり切れ端であることは、一目瞭然でした。というのは、長さもボリュームもまちまちだったからです。一部にはまだ茶色の表皮がついていましたから、製材作業の結果出た端材に違いありません。

その木材を見た瞬間、わたしは胸の高鳴りを抑えることができませんでした。そして、自分の少年時代に思いをめぐらせました。どうしてか、そのわけは今すぐお話しします。とにかくわたしはそこで作業している二人に、「この木はどうしたのか？」と尋ねました。そのとき初めて二人が防護マスクを取りました。一人はSくんで、そのSくんが、「こっちはIです」と言ってくれて、二人が誰なのかが分かりました。

しかし、SくんとIくんには悪いのですが、わたしが知りたかったのは二人が誰なのかではなく、その切れ端の木材が何処からきたかだったのです。案の定、Sくんの答えは、わたしが推察した通りでした。名栗にある学園の植林地から切り出した木を、近くの製材所で製材してもらったときに出た端材を運んできた、とのことでした。二人は、それを材料にして、所属のゼミ（数理情報グループ）での卒業研究のために、自分たちで「椅子」を設計して、制作中だったのです。

ではなぜ、その端材を見た時に、わたしの胸が高鳴り、一気に少年（小学生）時代にタイムスリップしてしまったのか。そのわけは、少年の時のわたしは、イエスが大工だったとは全く知らないまま、大人になったら大工になるのが夢だったからです。

その頃は社会全体が非常に貧しくて、少年たちは野山や川を駆け回って遊ぶか、適当な木屑を見つけてきて、それで潜水艦やヨットや、その他いろいろなものを自分で作って、遊んでいました。しかし、そのための木屑さえ、なかなか手には入りませんでした。最大のチャンスは毎月一回町内会経由で、風呂やご飯炊きなどの燃料用として各家庭に配給になる薪でした。長さは五〇センチほどに切り揃えてありましたが、固い雑木と軟らかい杉や檜の端材の二種類がありました。その杉や檜の薪束の中に、表裏の両面が平になっているもの、つまり板状のものが時々混じっているのです。それを探して抜き出して、工作の材料にするのです。それは夢の素材でした。丸ノコなどという文明の利器はまだない時代なので、それを祖末なカンナや金槌で、トンチンカンチンやって加工するのです。高価なカンナなど親に買ってもらえなかったので、わたしはいつもこっそり無断で鰹節削りを転用していました！　使い終わった後は、バレないように、刃の間に削り屑が残っていないように気をつけましたが、ときどきは鰹節と一緒に木屑も食べていたかもしれません。とにかく、そんな少年大工にとって、SくんとIくんの端材は、わたしの少年時代のものと比べると、もはや端材とは言えないような夢のまた夢の素材だったのです。わたしの胸の高鳴りを分かってもらえるのではないでしょうか。

祖末なカンナや金槌で、トンチンカンチンやっていた少年のわたし。ちょっと気障な言い方をおゆるしいただくと、わたしのこれまでの生涯で、その時ほど生産的で創造的だった時期はないかもしれません。人間はあくまで人間ですから、神さまのように全く何もないところから、つまり無から有を造り出すことはできません。無から有の創造は神さまに任せておく他ありません。人間にできることは、もうすでにそこにあるもの、そのまま放っておけば、関心のない人にとっては、まったくのガラクタや「屑」に過ぎないものを集めてきて、それらをつなげて何かを作り上げることなのです。

わたしはやっと最近になってから知ったのですが、これとほとんど同じことをワルター・ベンヤミンという、ドイツで生まれ育ったユダヤ人の思想家が語っています。ベンヤミンもナチスに迫害されました。友人たちの多くは、シオニズム運動（イスラエル再興運動）に従って現在のイスラエルへ逃げましたが、ベンヤミンはシオニズム運動からは距離を取っていました。そしてドイツからスペインへ逃げる途中、ピレネー山脈の中で逃げ切れなくなって、自死を遂げた人です。彼が書き残した文章を、一つだけ一緒に読んでみましょう。

子供たちは、事物を扱う行為がはっきりと目に見える仕事場なら、どんなところでも訪ねてみるという、独特な性癖をもっている。彼らは、建設工事、庭仕事や家事、裁縫や家具製作の際に生じる屑に、どうしようもなく惹きつけられるのを感じる。屑として生じるもののうちに子供たちは、事物世界がまさに自分たちに、自分たちだけに、向ける顔を認める。子供たちは、そうした屑を使って大人の作品を模倣するというよりも、遊びながらそれらの屑から作るものを通じて、実にさまざまな種類の素材相互のあいだに、飛躍に富んだ新しい関係をつけるのである。

（『ベンヤミン・コレクション3　記憶への旅』浅井健二郎編訳・久保哲司翻訳、ちくま学芸文庫、一九九七年、三四頁）

すでに一度お話ししたかもしれませんが、わたしにもベンヤミンがここに書いていることそのままの体験があります。そのことをわたしは自分の著書の中で、こう書いたことがあります。

私にも身に覚えがある。大工になるのが夢だった少年は、近くで大工仕事が行われていると、そのそばにくっついて、きれいな杉の板のできるだけ大きな切れ端が出るのをじっと待ち受けている。それが手に入れば、あそこにこう使って船の模型が完成する。〔中略〕ところが、カタンと切れ端が落下した瞬間、大工さんがそれをくれるとは限らない。さっと拾って、どこかに片付けてしまうことがある。その瞬間の落胆。昆虫採集も同じだった。もう一つ幻の蝶が加われば、僕の標本箱は世界に一つしかない宇宙になる。壊れた家具や機械の部品も捨てられず、大切にとっておくのはよいとして、そのために部屋中がカオスとなる人もいる。そのような人についても、同じことが言える。そこには、当事者にしか分からない、新しい幸福な世界が成立しているのである。

（大貫隆『イエスの時』岩波書店、二〇〇六年、二七二－二七三頁）

わたしが皆さんに話しておきたいことは、最初にも言ったように、「真理は『ガラクタ』の中にある」ということです！　最高学部に限らず、学校の授業というもの、それも特に大学段階の授業というものは、無関心のまま放っておけば「ガラクタ」で終わります。何か自分とはまるで関係のない内容の授業が、互いに無関係で散らばっているのです。しかし、「真理はそんなガラクタとは違って、どこか他にあるはずだ。もっと高いところから降りてくるはずだ」などと、間違っても思わないでください。すでに自分の目の前にある「ガラクタ」同士の間に「飛躍に富んだ新しい関係をつける」（ベンヤミン）ことこそが、人間の創造力なのです。どうか、この一年間をそれぞれ有意義に過ごしてください。

（一学期始業式、二〇一三年四月一〇日）

いのちと実践

ヨハネによる福音書八章31－36節、一四章6節

31イエスは、御自分を信じたユダヤ人たちに言われた。「わたしの言葉にとどまるな
らば、あなたたちは本当にわたしの弟子である。32あなたたちは真理を知り、真理は
あなたたちを自由にする」。33すると、彼らは言った。「わたしたちはアブラハムの子
孫です。今までだれかの奴隷になったことはありません。『あなたたちは自由になる』
とどうして言われるのですか」。34イエスはお答えになった。「はっきり言っておく。
罪を犯す者はだれでも罪の奴隷である。35奴隷は家にいつまでもいるわけにはいかな
いが、子はいつまでもいる。36だから、もし子があなたたちを自由にすれば、あなた
たちは本当に自由になる」。

6イエスは言われた。「わたしは道であり、真理であり、命である。わたしを通らな
ければ、だれも父のもとに行くことができない」。

今日と明日の教職員修養会でのグループ討論では、最高学部は「いのちと実践」という全体

テーマの下に、さまざまな問題を話し合うことになっています。この全体テーマは、自由学園の名前に含まれる「自由」というもの、そしてその名前が由来するヨハネ福音書の八章と、どうつながっているのでしょうか。今朝は、この点について、わたしが日頃考えていることを申し上げてみたいと思います。

今ご一緒に読んだヨハネ福音書八章の箇所の、細かな言葉遣いに注意していきたいと思いますので、その箇所を開いて、ご覧になりながらお聞きいただければ幸いです。

＊

まず、八章31－32節には、「わたしの言葉にとどまるならば、あなたたちは本当にわたしの弟子である。あなたたちは真理を知り、真理はあなたたちを自由にする」とあります。この箇所の「真理」は、客観的科学的に認識される真理のことではありません。仮にそう取ると、ヨハネ福音書が言わんとするところがよく分からなくなってしまいます。

すぐ後の36節には、「だから、もし子があなたたちを自由にすれば、あなたたちは本当に自由になる」とありますが、これは32節とほぼ同じ文章です。しかし、「真理」が「子」に変わっています。従って、32節の「真理」とは「子」、つまり「神の独り子」としてのイエスその人のことに他なりません。事実、一四章6節で、イエスが「わたしは道であり、真理であり、命である」と言っているのと同じことです。

ほぼ同じことが、31節の「わたしの言葉」にもあてはまります。それはヨハネ福音書の中で、イエスが口にする一つ一つの発言のことではありません。それはむしろ、イエスその人が、「父なる神」が「世」に向かって語った「言葉」だということを意味しています。

では、そのイエスとは、一体どういう方であったのか。その生涯全体はどういうものであったのか。もしわたしたちが福音書の著者にそう問えば、彼はこう答えるでしょう。「わたしの福音書をお読みください。イエスとは、父なる神から遣わされて、ここに書いてある出来事をすべて為し遂げて、神のもとへ帰り、今もなおそこで生きている方なのです」と。

この意味で、イエスその人が世に対する神の語りかけ、「神の言葉」なのです。著者ヨハネはこれを自分の福音書の冒頭で、「初めに言があった。言は神と共にあった。言は神であった」（一1）と言い表しています。

従って、八章31－32節で最も重要なのは、イエスが自分で自分を指して言っている「わたし」に他なりません。「真理」と「言葉」をイエスの「わたし」に置き換えると、何か同語反復のようになりますが、全体はこうなります。「あなたたちがわたしにとどまるならば、あなたたちは本当にわたしの弟子である。あなたたちはわたしを知り、わたしはあなたたちを自由にする」。

重要なのは、31節が「〔わたしの言葉に〕とどまるならば」と、条件文になっていることです。そして、それが「御自分〔イエス〕を信じたユダヤ人たちに」向かって言われていることです。この「信じた」は原文のギリシア語では現在完了形です。それは前の段落の最後の30節、「これらのことを語られたとき、多くの人々がイエスを信じた」から続いてきています。

つまり、イエスは多くのユダヤ人たちが「イエスを信じ、自分は信仰に到達し終わった」と思ったその時に、「〔わたしの言葉に〕とどまるならば」と、「条件をつける」わけです。それによって、ユダヤ人たちの現在完了形の信仰が宙づりにされてしまいます。その条件文は、イエスを信じることとは、反復なしには続かない。どこか特定の時点で完結し、そこから後は永続的な所有物に成るということがないことを意味しています。

しかし、当のユダヤ人たちは、33節でこう言います。「わたしたちはアブラハムの子孫です。今までだれかの奴隷になったことはありません」。すなわち、彼らにとっては、「自由」は生まれつきのものなのです。彼らの「自由」は素性にかかわるもので、後ろ向きです。

ところが、イエスは「反復」を求めます。すべて反復ということには、未来と未来への歩みが意識されています。だから、ヨハネ福音書のイエスも繰り返し、人間に正しく歩むことを求めます。例えば、八章12節では、「わたしは世の光である。私に従う者は暗闇の中を歩かず、命の光を持つ」と言われます。一二章35節にも、「暗闇に追いつかれないように、光のあるうちに歩きなさい」とあります。これと似た文章は、さらに他にも出てきます（一一9－10）。すでにさきほど読んだ一四章6節に戻れば、その最初に「わたしは道であり、真理であり、命である」とあった通りです。

八章32節をもう一度ご覧ください。「あなたたちは真理を知り」とありますが、これは、ギリシア語の原文では「知るだろう」という未来形なのです。それに続く「真理はあなたたちを自由にする」も、実は「自由にするだろう」となっていて、同じように未来形です。36節の「だから、もし子があなたたちを自由にすれば、あなたたちは本当に自由になる」の最後の部分も同じように「自由になるだろう」と未来形なのです。相次いで繰り返されるこれらの未来形は、「信じること」の反復の先、つまり人間の歩みの先に初めて「自由」があることを指し示しています。

ここでもう一つ、注意したい点があります。それは、32節の「真理はあなたたちを自由にするだろう」、36節の前半「子があなたたちを自由にすれば」に二回繰り返された「あなたたちを自由にする」という能動形です。この能動形は、「あなたたち」、つまり人間の側から書き直せば、「真理によって自由にされる」、「子によって自由にされる」という受け身形になります。そこには、人間は自分で自分を「自由にする」ことができないという意味が込められています。人間は、ただ神がすでにイエスの生涯（福音書の描く生涯）において起こしてくれている出来事によってのみ、「自由にされる」のです。

ところが、そのことを36節の後半は、「あなたたちは本当に自由になるだろう」と能動形で表現しています。それは、なぜでしょうか。なぜ、「あなたたちは本当に自由にされるだろう」

と受け身形で言わないのでしょうか。

その答えは、人間の側でも「光」（真理、イエスの言葉）の中を、反復的に未来に向かって「歩み」続けることが必要だからです。その限りでは、人間は自分の自由を能動的に実現してゆく課題を背負っていると言うことができます。

しかし、その課題を背負うことができる根拠は、「受け身形」にあります。つまり、それより先に、神がイエスの生涯において、人間を自由にするためにすでに行動を起こしてくれているからなのです。

＊

人間は自分だけで自分を「自由にする」ことができないということ。それは、人間は自分で自分を生むことができないのと並行しています。人間は「生まれて」、つまり、受け身形で「命」を与えられます。物心ついて、ふと気がついてみたら、自分は「いた」。さらに成長してから、初めて、自分は「生まれた」のだと気がつきます。その時が、自分の命は「与えられたもの」と気づくチャンスです。

ヨハネ福音書の三章では、イエスがある夜のこと、ニコデモと「新しく（上から）生まれる」ことについて対話しています。イエスはそこで、「人は、新たに生まれなければ」（三

3）、あるいは「だれでも水と霊によって生まれなければ、神の国〔永遠の命〕に入ることはできない」（三5）と言います。

ここで「霊によって生まれる」と言われている「霊」は、最近世の中ではやりの「超常現象」の原因とされるような、得体のしれない「霊」のことでは決してありません。それは、イエスが最後の晩餐の席で、弟子たちに約束する「聖霊」のことです。すなわち、一四章（16－17、26節）には、こう言われています。

> [16]父は別の弁護者〔助け主〕を遣わして、永遠にあなたがたと一緒にいるようにしてくださる。[17]この方は、真理の霊である。〔中略〕[26]すなわち、父がわたしの名によってお遣わしになる聖霊が、あなたがたにすべてのことを教え、わたしが話したことをことごとく思い起こさせてくださる。

ですから、「霊によって生まれる」の「霊」も、イエスが地上からいなくなった後、その身代わりに弟子たちのもとに派遣される聖霊のこと、言わば「もう一人のイエス」のことです。従って、「霊によって生まれる」とは、やはりイエスによって「新たに〔上から〕生まれる」ことです。つまり、自分が実際の母親から受けた命を、「新しく〔上から〕与えられた命」として、受け取り直すことに他なりません。すでに繰り返し見た一四章6節にもう一度戻れば、

「わたしは道であり、真理であり、命である」とある通りです。

*

「羽仁もと子著作集」の中で、わたしにとって最も印象的な言葉は、「人はそれぞれ命の経営者」という文章です。経営者の仕事とは、自分の私有物ではない資金を託され、それを活用することであろうと思います。そうだとすれば、創立者のこの言葉には、人それぞれの「命」はそれぞれに与えられたものであり、人はそれを活用する仕事を託されている、という意味が込められているはずです。わたしはその背後に、今朝わたしがヨハネ福音書八章32節を中心にして、ここまでお話ししてきたような意味が含まれているはずだと思っております。

わたしたちは、自分で得たのではなく与えられた「命」を活かして、「自分が自分の主人になる」ことへ、つまり未来への反復の先にある「真の自由」へ向けて、「経営」してゆく課題を負っています。その「経営」（マネージメント）という課題は、「自労自治の生活」、「生活の合理化」、「生活即教育」など、勉強の機会を机上に限らず、生活のあらゆる側面に発見していく自由学園の教育方法に通じているのではないかとわたしは思っています。

（全体修養会礼拝、二〇一三年八月二七日）

前方への逃走——『風の谷のナウシカ』によせて

わたしはこの二学期、宮崎駿さんのコミック版『風の谷のナウシカ』をかなり集中的に読みました。昨年度（二〇一二年度）に引き続いて、「西洋思想史特論」の授業で取り上げるためでした。昨年度は、年度の終わりの方で、正直なところ、大急ぎで取り上げるだけで終わってしまいましたが、今回は、在宅日ごとに、何度も繰り返しメモを取りながら精読しました。漫画をこんなに真剣に読んだのは、半世紀も昔、当時はまだ週刊誌のような綴じ方をした『少年マガジン』をまわし読みした小学校時代以来のことです。

もちろん、皆さんの中には、アニメ映画版の方は見たことがあるが、コミック版はまだ読んでいないという人も少なくないでしょう。あるいは先生方の中には、アニメ版も見ていないという方もおられるに違いありません。だからと言って、今日のこの場では、そういう方のために、内容をかいつまんで要約するというわけにもいきません。特にコミック版のストーリーは知る人ぞ知る内容ですが、きわめて複雑で、ここで簡単に要約できるような代物ではありません。

それでもあえて一言だけ言わせていただけば、コミック版は明確に「反終末論」の立場です。西欧の巨大産業文明が自己崩壊した後に、清浄と汚濁が交じり合ってしまった生態系が残されました。人間のみならず、虫や植物も、そのような世界の中に辛うじて生き続けています。その現実の世界の彼方に、汚濁から浄化された清浄だけの世界、光だけの世界を待ち望むような終末論を、ナウシカは厳しく拒みます。むしろ、清浄と汚濁が交じり合っているこの現実世界に踏みとどまって、人間以外の生命体（虫や植物）とともに生き続けることを選びます。

わたしはコミック版を一通り精読し終わった後、その成立のプロセスについて少し調べてみました。そこで初めて知ったのですが、宮崎さんがこのコミックを月刊『アニマージュ』（徳間書店）に連載し始めたのが一九八二年、最終的に完結したのが一九九四年、その間、実に一三年を費やしています。その間に、連載は四回も中断されました。その中断の年数は、合計七年にも及んでいます。

宮崎さんは、元々『アルプスの少女ハイジ』のようなアニメの絵描き（アニメーター）でした。その宮崎さんが、そもそもなぜコミック（漫画）を描き出したのでしょうか。そのわけを、宮崎さん自身は、「絶対にアニメ化できない物語を描いてみたかった」と説明しています。アニメは一人では作れません。スタッフの協力とスタジオが必要になります。しかし、「コミックなら、自分の書斎に籠もって一人で書き続けられる！　それがしたかった」と言うのですね。

ただし、途中の二巻（コミックは全体で七巻）まできたところで、アニメ化の話がやってきました。宮崎さんは、悩んだ末にそれを受けてしまいました。ところが出来上がったアニメの出来栄えに宮崎さんは全く納得がいかなかった。とりわけ、エンディングで、一度死んでしまったナウシカが、「王蟲」と呼ばれる巨大な虫たちの金色の触覚に包まれて、復活し、胴上げされるところが、宮崎さんの嫌いな「清浄」だけの世界、宗教的な話になってしまっていました。それが気に入りませんでした。

そこで宮崎さんは、コミックでの連載を再開し、先ほど言ったように、その後十年余にわたって描き続けました。その間の生活は、昼間はスタジオジブリに詰めて、他のスタッフの人たちと他の作品のアニメ作りの共同作業をしました。『風の谷のナウシカ』の他にも、どのような有名なアニメ作品がそこから多数生み出されたか、わたしなぞが改めて言うまでもなく、皆さんがよく知っている通りです。スタジオでのそのような共同作業が夜まで続いたあと、自宅に戻り、それから初めて、一人で机に向かって、夜半過ぎまでひたすらコミックを書き続けるという生活だったそうです。

わたしが今日、この話をしているわけは、宮崎さんの集中力と持続力を、皆さんにぜひとも感じ取って欲しいと思うからです。ちょっと、想像してみてくれませんか。もう何年も前に書き終わっている部分は、すでに印刷、公刊されてしまっていて、もう書き直すわけにはいきません。この事実は絶対に変更不可能なのです。

宮崎さんのスケールにはとても及びませんが、わたしも原稿用紙何百枚という原稿を繰り返し書いてきました。まだこれからも書きたいと思っています。そういう原稿を書くときには、さてこの先どう書こうか、と考えこむことがよくあります。「そうだこう書こう、こう書きたい」と思うことがひらめくと、場合によっては、パソコンの中のすでに書き終わった部分の原稿に立ち戻って、必要な訂正や変更を加えてからでないと、続きがそう書けないということ、そうしないと全体の筋が通らなくなることがよくあります。前に進むためには、一度後戻りしなければならないのです。原稿を書くということにおいては、そのように不断に、行きつ戻りつしながら進むのが普通です。

しかし、宮崎さんのコミックは描き終わったところから印刷公刊されていきましたから、「行きつ」ばかりがあって、「戻りつ」がないのです。前方へ向かって逃走することしか許されないのです。逃げ場は前方にしかない。物語全体の落としどころを探して、前へ前へと逃げ続けるのです。その苦しさは、わたしには想像するだけでも恐ろしいことです。宮崎さんは、その逃走を一三年にわたって続けたのです。たびたび中断せざるを得なかったのは、実に当然のことです。何という集中力と持続力でしょうか。

皆さんの場合――とりわけ今卒業年次で卒業研究・卒業勉強に取り組んでいる人たちの場合――にも、程度は違え、同じ集中力と持続力が必要です。ただし、宮崎さんとの大きな違いが一つあります。それはこれから始まる冬休みのような長期休みが、皆さんにはあっても、宮崎さんにはなかったことです。長期休みは学生の皆さんだけの特権です。宮崎さんが、毎晩自宅に戻ってから、必死で確保した夜半過ぎまでの自分だけの時間、自分の原稿書きに集中できる時間が、皆さんにはあるのです。

どうかその時間を活かして、学期中の普段の生活の中ではできないことを実現してください。ただし、集中しっぱなしでは病気になってしまいます。集中を中断して、ご飯も食べ、風呂にも入り、睡眠も取らねばなりません。集中、持続と中断を上手に使い分けること、宮崎さんはきっとその名人なのだろうと思います。

正月明けに、また元気な顔を見せてください。

（二学期終業式、二〇一三年一二月二一日）

「なる」ことは、「とどまる」こと

——卒業する学生に向けて

皆さんがこれから出ていく社会は業績主義の社会です。業績主義の圧力がかかることは、当面は卒業後に他大学へ進学する人の場合も、近い将来においては同じです。職場が企業であっても、大学などの研究職であっても、業績主義の圧力に違いはありません。

わたしが卒業式のこの時期に、毎年、切実に願うことが一つあります。それは、皆さんの行く職場が「いのち」を大切にする職場、そうすることが許される職場であって欲しいということです。皆さんそれぞれが、そういう職場に恵まれて、誰にも負けずエネルギッシュに働いて、職場環境をさらに良いものにしてくれることをわたしは心から祈っています。というのも、世の中には、人を使い捨てる職場も決して少なくないからです。

業績主義は、ひたすら「何かになろう、なろう。何かをやり遂げよう、やり遂げよう」として競争します。しかし、その競争を休みなく走り続けたら、誰でも途中で疲れ切ってしまいます。だからと言って、わたしたちはその業績主義の社会の外に生きることはできません。ただ一つ、わたしたちにできることは、業績主義に対する関わり「型」を自分で選びとることです。「型」は素材が何であれ、それに対する姿勢のことです。How To の「方」ではありません。「なろう、やり遂げよう」という競争の中で、わたしたちはそれにどう関わればよいのでしょうか。この点で、聖書は「なることは、とどまること」だ、と教えています。「あなたが何かになるとは、あなたがすでにそうであるものにとどまること」なのです。大げさなようですが、これこそ旧新約聖書全体を貫く福音の本質だとわたしは思っています。

*

まず、モーセに率いられたイスラエルの民がシナイ山で律法を与えられたのは、何のためだったでしょうか。それを守り実行して初めて、神の選民に「なる」ことができたからでしょうか。そうではなく、その正反対でした。地上には他に立派な見栄えのする国民が沢山いたのに、ヤハウェはその中から、何の業績もないみすぼらしいイスラエルの民を選んで救い出しました。それは無条件の愛、理由なき愛のゆえでした。それは奇跡でした。だから出エジプト記の語り手は、それを紅海の水が割れて両側に壁のように立ち上がり、乾いた陸が現れたなど と、とてもあり得ない話に造形したのでした（出一四章）。どうか、紅海の奇跡を嘘か本当かにこだわって読むのは、もう止めにしましょう。それは神の無条件の選びを伝える強烈なメッセージなのです。

律法が与えられたのは、イスラエルの民がその選民に「とどまり」続けるためでした。律法を守って業績を積んで、やっとのことで選民に「なる」ためではありませんでした。そうではなくて、すでにそうであるものにとどまり続けることで、「すでにそうであるものになる」ためでした。モーセ律法はあくまでそのための手引に他なりませんでした。このことは、皆さんが一年生のときに、わたしの「キリスト教価値観」の授業で聞いてくれましたね。「すでにそうであるものになる」というのは、明らかに逆説です。「選民になる」とは、業績なしに選ばれたことに「とどまり」続けることなのです。

＊

イエスの「神の国」はどうだったでしょうか。イエスは「神の国」のことを、繰り返し「命」と言い換えています。そのとき、二つの言葉を使いました。ギリシア語で言うと、一つは「プシュケー」（Pshyché）、もう一つは「ゾーエー」（Zôé）です。

マタイ福音書六章25節には、「自分の命（プシュケー）のことで何を食べようか何を飲もうかと、また自分の体のことで何を着ようかと思い悩むな。命は食べ物よりも大切であり、体は衣服よりも大切ではないか」という有名な言葉が出てきます。この箇所の「命」は、「プシュケー」です。わたしたちが今現に衣食住の営みによって生きている「命」を指しています。

他方、同じマタイ福音書七章13－14節には、「狭い門から入りなさい。滅びに通じる門は広く、その道も広々として、そこから入る者が多い。しかし、命に通じる門はなんと狭く、その道も細いことか。それを見いだす者は少ない」とありますが、こちらの「命」は「ゾーエー」です。それは人間がすでに衣食住の営みによって今現に生きている命のことではなくて、まだこれから細い道を通って入っていくべき「命」です。

ここで大切なことは、二つの「命」を別々のものと考えないことです。どちらも同じ「命」の二つの側面に他ならないのです。イエスの目には、今衣食住によって生きている命が、すでに「神の国」での「永遠の命」と、表裏一体に見えているのです。そのことは、最初にご一緒に読んだヨハネ福音書一二章25節のイエスの言葉が、実に簡潔に言い切っています。――「自分の命〔プシュケー〕を愛するものは、その命を失い、この世で命〔プシュケー〕を憎む人は、それを保って永遠の命〔ゾーエー〕に至る」。

イエスのこの言葉は、今現にある「この世の命」を、神から与えられた「永遠の命」、つまり超越的な命として新しく受け取り直すように呼びかけるものに他なりません。今ここでの自分の命と、どう向き合うか、どう「保つ」か。そのことが、それが「永遠の命」に「なる」か「ならない」か、を決定するというのです。「自分の命を憎む」という言い方は、少し難しいと感じられるでしょう。それは、今ここでの自分の「命」と、どういう距離で、どう向き合うか、ということを表現しているのだとわたしは思います。いずれにせよ、この箇所でも、「なる」ことは、「とどまる」ことなのです。

＊

次にパウロです。彼はモーセ律法を業績主義の道具に変えて、自分の義しさを誇る超エリートでした。そのため、律法を蔑ろにしたイエスの言動、そのイエスをこともあろうに神の子メシアと信じるようになった弟子たちを、断じて許すことができませんでした。そして、彼らに対する迫害のリーダーになりました。

パウロほど「自分はこうならねば、こうならねば！」と、「なる」ことの圧力に押し潰されていた人はいません。律法主義の「真面目さ」を競い合い、誰にも負けないと自負するかと思えば、次の瞬間には、実は不完全な自分を嫌悪するのです。

パウロはその中で、自分が根源的な「罪」に絡め取られていることに気づきました。モーセ律法を楯にして、自分を誇り、他者を見下げている自分ほど、疎外された人間はいないのです。「ああ、なんとみじめな人間なのか。自分は律法の呪いに取り憑かれている」。それがパウロの悲痛な叫びでした。

そのときパウロが発見し直したのは、イエスが受けた十字架上の殺害でした。それはモーセ律法からすれば、この上なく「呪われた死」でした。ところが、今やパウロは、全く逆に、そのイエスを神の「独り子」として受け取り直します。神はわたしを律法の呪いから救い出すために、自らの「独り子」を律法によって呪われた死へ渡してくださったのだ。神と独り子イエスは、わたし（パウロ）のもとに来てくれて、味方となり、わたしと「入れ替わって」くださったのだ。神は、自分で自分を無きに等しいと思って苦しんできたこのわたしを、「お前はすでに有る」と言ってくれている。無から有を造り出してくれている。業績主義の道具としての律法を、神は廃棄されたのだ。

この発見こそ、パウロが「なる」ことへの圧力から解放された瞬間でした。その後のパウロの全生涯は、神によるこの「無からの有の創造」に「とどまり」続けることに他なりませんでした。そのことを語るパウロの言葉を、いくつか読んでみましょう。

わたしたちは、いつもイエスの殺害を体にまとっています。イエスの命がこの体に現れるためです。（二コリ四10）

「殺害」とは「律法に呪われた十字架の処刑」のことです。新共同訳は「死」と訳していますが、原語のギリシア語「ネクローシス」（νέκρωσις, nekrôsis）は、イエスが十字架の処刑によって「殺害」されたことを疑問の余地なく表現しています。パウロはその「殺害」を「いつも」（直後の11節では、「生きている間、絶えず」）自分の体にまといながら、そこに「とどまっている」のです。それは自分と「入れ替わって」生きているイエスの命を現すためです。

19わたしは神に対して生きるために、律法に対しては律法によって死んだのです。わたしは、今もキリストと共に十字架につけられたままです（現在完了形！ 新共同訳を変更）。
20生きているのは、もはやわたしではありません。キリストがわたしの内に生きておられるのです。
（ガラ二19－20）

ここで、「つけられたままです」が現在完了形の継続用法であることに注意してください。それは過去に完結した出来事の結果が、現在に継続していることを表します。つまり、十字架上に呪われた刑死を遂げたイエスが、パウロの中に「とどまり」続けているのです。

パウロのように生きていても死んでいた者が、実際に死んでいく別の人と入れ替わりに生き返る。そんなことが本当にあり得るのでしょうか。それはあり得る、というのがわたしの確信です。

わたしの姪は離婚と家庭の崩壊を機に、その後一五年間、文字通り「生きていても死んで」いました。誰にも顔を合わせることができずに、実家で布団の中に引き籠って、体を縮めたまま過ごしておりました。その間、わたしは何度も布団の上から声をかけましたが、そのつど僅かに布団が動くだけでした。

そして今から六年前、幼少の頃その姪を大変可愛がって世話をしたわたしの母が死にました。わたしはその骨壺を姪の家にもしばらく置いておこうと持っていきました。すると姪は翌朝早く、人知れず一人布団を抜け出してきて、壺にすがりついて大粒の涙を流していました。

わたしはそれを垣間見て、大げさなようですが「死人の復活、無から有の創造はある」と確信しました。「生きていても死んでいる者」は泣いて生き返る。涙が出たら生き返ったのです。姪はその後、当時のことをこう述懐しました。「おばあちゃんが、『わたしがそっちへ行くから、お前はこっちへおいで』って、呼んでいたの」。

姪は現在まで、年老いた両親の実家を支える大黒柱として、日々元気に生活しています。ちなみに、姪もわたしの母もキリスト教とは無縁の人です。

わたしの勝手な想像ですが、パウロも回心したとき、泣いたに違いありません。その後のパウロは、ご存知のようにあらゆる艱難辛苦に耐えて、十字架の福音を語り伝える一大伝道者になっていきました。しかし、それはパウロにとって、もはや何の業績でもありませんでした。それは「お前はすでに有る」と神に言ってもらえた自分を生きる道のり、「すでにある自分になってゆく」道のりでした。そこにあるのは、自分が置かれた状況に対する独特な内面的な距離感です。最後に、その距離感をパウロが表明している有名な箇所を読みましょう。

[29]兄弟たちよ、わたしはこのことを言っておく。時は縮められてしまっている。これから
残された時は、妻をもつ者たちは、あたかももたないかのようになり、[30]泣き叫んでいる
者たちは、あたかも泣き叫ばないかのように、そして喜んでいる者たちは、あたかも喜ん
でいないかのように、そして何かを所有している者たちは、あたかも所有していないかの
ように、[31]そしてこの世をうまく渡っている者たちは、あたかもうまく渡ってはいないか
のように、なりなさい。なぜなら、この世の姿かたちは過ぎ去るからである。

（一コリ七29－31、大貫私訳）

注意していただきたいのですが、あたかも「〜しない人のように」したところで、目の前の現実そのものが実体として変わるわけではありません。ましてパウロは、その現実から脱走することを奨めているわけではありません。妻との生活は続き、泣き叫ぶことも、逆に喜ぶこともある。この世の富に恵まれることも、世渡りがうまくいくことも、いかないこともある。しかし、パウロはもはや、そのことに一喜一憂しないのです。なぜなら、彼はすでに「なる」ことの圧力から解き放たれて、すでに有る自分に「とどまる」ことができるからです。

＊

わたしたちは業績主義の社会の外に生きることはできません。しかし、その業績主義に対する関わり「型」は、自分で決めることができます。そのために重要なのは、「なることは、とどまること」への気づきだと、わたしは思います。

「なることは、とどまること」――まるで禅問答を聞かされたと感じる人もいるかもしれません。しかし、皆さんがこれから歩まれるそれぞれの人生の途上、さまざまな局面で、この言葉に改めて思いを潜めてもらえれば、わたしにとって、それ以上に嬉しいことはありません。

（卒業夕礼拝、二〇一四年三月二〇日）

出来事を待つ

一昨日、今年度（二〇一三年度）の卒業式が終わり、在学生の皆さんには今日が修業式です。それぞれの学年を終えて、後は新学期を「待つ」ばかりですね。

今「待つ」と言いましたが、それがわたしの心に一番かかっていることです。今日は、そのことをお話ししてみたいと思います。この時を逃すと、賞味期限切れになってしまうからです。

ソチ・オリンピックの女子フィギュア・スケートで、浅田真央選手が味わった挫折と成功のことは、皆さんも知っているとおりで、改めて言うまでもありません。ショート・プログラムでの思わぬ転倒は、彼女自身もそう言っていましたが、「取り返しのつかない」失敗でした。その後、宿舎に戻って一人になってから、彼女は一体どれほどの心の乱れと葛藤の中に一夜を過ごしたことでしょうか。想像するに余りあります。ところが、翌日のフリー・プログラムでは、今度は一転して会心の演技でした。その直後のテレビ・インタビューで彼女が何気なく語った一つの言葉が、わたしの印象に深く残っています。それは、「わたしはこの演技を待って、いた」という言葉です。

「待っていた」とはどういうことでしょうか。何か他人事のような言い方だと思いませんか。あたかも、あの演技をしたのが浅田選手本人ではなかったみたいではありませんか。言わば、あのフリーの演技そのものが主語で、演技の側から浅田選手のところへ「やってきた」と感じさせるような表現ではありませんか。自分の演技でありながら、自力でやり遂げた演技ではなく、自分を超えた出来事だった。おそらく、ほとんど意識しない中に、この言葉が浅田選手の口をついて出たのではないか。テレビ・インタビューを見ながら、わたしはそう感じました。

あのフリーの演技は、「出来事」あるいは「事件」だったと言うのが、最も当たっていると思います。「出来事」あるいは「事件」というものは、わたしたちが自分の意志だけで起こすこともできなければ、起こさないようにすることもできません。むしろ、わたしたちはそれに「巻き込まれる」ものなのです。古来の日本語の表現では、それは「神懸かり」と呼ばれてきました。

イエスが一連の言葉や譬えで語り伝えた「神の国」についても、実は同じことが言えます。それは外から「近づいてくる」もの、「やってくる」ものでした。そして人間が「待っている」ものでした。いや、イエスによれば、それはすでに「あなたがたの間に来ている」ものでした(マコ一15、マタ一二28、ルカ一一20)。何時「力にあふれて現れる」(マコ九1)かは、人間には分からないのです。人間にできることは、あらゆる準備を尽くして、為すべきことを為した後、「待つ」ことだけなのです。イエスはそのことを、こう表現しています。

「その日、その時は、だれも知らない。天使たちも子も知らない。父だけがご存じである。気をつけて、目を覚ましていなさい。その時がいつなのか、あなたがたには分からないからである」。（マコ一三32－33）

日本語では、「人事を尽くして天命を待つ」という言葉が、これに近いように感じます。浅田選手がフリーの演技を迎える前の心境は、まさに「出来事」を待つ、という気持ちだったのではないでしょうか。

明日からの春休み、皆さんも、「わたしはこれを待っていた」と表現する他ないような「出来事」に出会うことを願っています。

（修業式、二〇一四年三月二四日）

長編の薦め

いよいよ二か月の夏休みが始まります。特に一年生にとっては、初めてのことで、それぞれいろいろな計画を立てているはずです。その計画の中に、ぜひ普段の学期中では読めないような長編の作品（小説、物語）の読破を加えてもらいたいものです。すぐ読み終わる短編は薦めません。例えば、旧約聖書なら創世記から列王記（下）までの歴史叙述、小説ならドストエフスキーの『カラマーゾフの兄弟』や『罪と罰』、哲学書ならヘーゲルの『精神現象学』、コミックなら宮崎駿『風の谷のナウシカ』クラスの長編をぜひ選んで、読破してください。なぜでしょうか。長編を読むことが皆さんの思考の力を鍛えるベストの方法だから、というのがその理由です。

読書は、人間の行為の中でもアナログ的な行為の典型だと言うことができます。とりわけ、ある長編を初めて読む場合に、そう言うことができます。表紙をめくって、最初の頁の一行目を読み始めるとき、読者が手にしている情報量は、原則としてゼロです。しかし、読み進むにつれて、頁ごとはもちろん、段落ごと、文章ごと、つまり読む瞬間ごとに、次々と新しい情報が入ってきます。読者はほとんど無意識の内に、しかし実際には、それらの情報を集めて、一つの像に総合しよう、総合しようと必死で意識を働かせているのです。読者の意識の中では、そこまで読んできたこと、つまり過去が保存されていきます。そしてその長編が、物語であれば、物語を読み進めば読み進むほど、意識の中に保存されていく過去の量が増えて情報が豊かになっていく。それらが情報として総合されてゆくそのたびに、物語の世界が広がって見えてきます。

そのような初読行為は、初めての土地への列車の旅にも喩えることができます。車窓の外には、次々と初めて見る景色がやって来ては過ぎ去っていきます。旅行者の意識には、その一つ一つの景色が保存されていきます。列車が先へ進めば進むほど、すでにそこまで目にしてきた景色のすべてが、一つのイメージ（像）に総合されていきます。そして目的地に着いて、列車を降りたときに初めて、「ああ、東京からここ（目的地）までは、こういう土地と風景だったんだ。その途中には、あのように素晴らしい田園と家並みの風景が残っているんだ」などと了解します。それが知らない土地への旅の終わりで起きることです。その終わりまでのどの景色も、あくまで途中の一コマに過ぎず、旅の全体ではありません。旅の途中のどの時点でも、「この路線って、こうなんだ」というような結論を下すことはできません。

長編作品の初読の場合も同じです。途中のどの頁、どの段落、どの場面でも、読者は結論を下すことができません。次々と入ってくる新しい情報を保存し、整理し、一つの像に統合形象化し続けなければなりません。ある段階で、一つの像に統合してみても、その次の瞬間には別の情報が入ってきますから、その直前で統合したばかりの像を、早くもまた変更しなければなりません。

わたしは今年度（二〇一四年度）の「基礎演習」で、ヨハネ福音書を取り上げて、今言った長編の読み方と同じ観点から、読解しています。もちろん、ヨハネ福音書は決して「長編」とは言えません。それでも、その中にどのような景色が織り込まれているのか。作品は「テキスト」、つまり「織物」とも呼ばれますから、それにひっかけて言えば、どのような景色がどのように織り込まれているのか。物語の展開に沿って順に読み進めてゆくとき、読者は最後にどういう統合形象化に導かれるのか、を考察しています。

ある時、一人のゼミ生がそれを聞いて、「デジタルな読み方ではなくて、アナログな読み方ということですね」と表現しました。「自分は聖書をこれまでデジタルにしか読んでこなかった。このゼミで初めて、アナログな読み方の意味が分かったような気がする」と言ってくれました。

「デジタル」（digital）という英語の形容詞は、ラテン語の digitus という「指」を意味する名詞からきています。「アナログ」はギリシア語の形容詞 analogos（一定の割合の繰り返し）からきた外来語です。

皆さんに身近なところでは、スマートフォンが「デジタル」の典型ですね。電車やバスに乗ると、ほとんどの人が下を向いてスマホの画面を指で操作しているのは、スマホをしないわたしには、実に異様な光景です。その操作の三大パターンは、わたしが見るところでは、次の三つです。

(1)指一本でキーやホームボタンを選択する、(2)指二本で画面を横や縦方向に擦って画面を変える、(3)人差し指と親指で輪を作っておいて、画面に当てながらその輪を開いて、画面を拡大する。「ああ、そうか。もっぱら指先で操作するからデジタルと言うんだ」というのが、わたしの勝手な解釈です。もちろん、情報学では、まったく別の定義があるはずで、点を検索することと関連しているに違いありません。そう言われてみれば、人間の指と指は互いに離れていて、その間の距離は、点で数えれば無限になってしまいます。ちょうど数字の0と1の間に、いったいいくつの少数が存在するのか分からないのと同じです。

それはともかくとして、長編を初めて読む場合には、すべての頁、すべての段落がデジタルな点として存在しています。読解のためには、それらすべての点を必死に意識の中に保存して、つなぎ合わせて統合し続けること、つまりアナログ化することが必要になります。そして作品の最後の最後までやってきて、すべてを振り返って総合する、そのとき初めて、「ああ、この作品って、こういうものだったのか」と了解します。つまり、結論を引き出すことができます。逆に言えば、だからこそ、どんな作品の場合でも初めて読み通すのは実に大変な作業で、時間がかかるのです。しかし、それによってこそ、思考が鍛えられるのです。

しかし、昨今の現実は、「検索」ばかりです。「検索」ではデジタルな点だけが、入れ替わり立ち替わり交替するばかりです。その結果、当然のことながらアナログ離れになりますから、長編などとても読む気にならないわけです。皆さんの世代の長編離れ、それどころか本離れには、唖然とするものがあります。それは、持続力と総合力という思索にとっての根本的な能力を鍛えるチャンスが失われているということです。

ぜひ、この夏休みを活用して、それを鍛えて欲しいと思います。初読の大変さの後には、すばらしい愉しみが待っています。それは再読の愉しさのことです。すでに一度読んだことのある作品を、もう一度通して読むことです。再読は、すでに一度旅したことのある路線をもう一度列車でたどるのと同じです。読者という旅人は、作品という旅路の全体をすでに知っていますから、途中のどの点でも、全体の中で眺める（読む）ことができます。初めの部分でも終わりから読むことができるのです。喩えて言えば、初読は幼虫が地を這う行為です。どこへ行こうとしているのか分からない。しかし、再読は空中を愉しく飛び交う蝶の行為です。初読から再読へ。それは幼虫がさなぎを経て、きれいな蝶に羽化する瞬間に他なりません。この夏休みに、一つでも長編を読破して、きれいな蝶に羽化して帰ってきてください。

（一学期終業式、二〇一四年七月五日）

人生も長編小説

夏休み前の終業式でのわたしの話を思い起こしてくれますか。長編の作品を読破するのが宿題だと言いました。きっと皆さんの中の何人かは実行してくれたことと思います。

実は、わたしたちそれぞれの人生も長編小説を初めて通して読むのと同じなのです。人生の頁ごと、段落ごと、文章ごと、つまり瞬間ごとに、新しい出来事が起き、新しい体験を重ねていきます。そのたびごとに、わたしたちは誰でも、それらの出来事と体験を、過去の出来事と体験に加えながら、「自分って何だろう」と自問して、答えを探していかねばなりません。

それは地を這う幼虫のように、どっちへ行ったらよいのか、何とももどかしく、苦しいことが多い道のりです。一応それなりの答えが出た、つまり「これが自分だ」というイメージが結べたように思えることがあるかもしれません。ところが、またすぐ次の瞬間には、予想もしなかったような出来事と体験に遭遇します。そこでまた、新しい答えを探し直さねばなりません。

長編小説を読むのと同じように、人生も途中では最終的な答えが出せないのです。わたしにとってもまだ推測に過ぎないのですが、自分の人生を終わりまで歩んで、その全体を振り返るまなざしの中で初めて、「ああ、自分ってこうだったのだ」と了解するのだろうと思われます。「自分とは何か」は終わりのところで初めて、最終的に決定されるのです。

それまでの人生の歩みの中で起きたことはすべて、たしかに過去になっていきます。しかし、それらは単純には過ぎ去らず、実はその人の中に蓄積されていきます。人生の途上の一つ一つの出来事と体験、そして行動が、その人が最後に何になるか左右していくのです。

新約聖書でも同じように考えられるのです。新約聖書が「最後の審判」について語る箇所は、人の人生は最後まで未決定であるということと密接に関係しています。

皆さんの中には、「最後の審判」と聞くと、有名なミケランジェロの「最後の審判」の絵を思い起こす人が少なくないでしょう。それはヴァティカン宮殿のシスティーナ礼拝堂に架けられた巨大な絵画です。しかし、わたしはその絵を好みません。あまりにおどろおどろしいからです。天国へ引き上げられる人たちは、天使たちとともに上に向かって飛翔している。しかし、地獄に落とされる人たちは頭を下にして落ちていく。そのコントラスト（「審判」）が大画面いっぱいに描き分けられています。

わたしがその絵を好きになれないわけは、それは人間の物事を客観化する表象（イメージ）能力に訴えすぎているからです。わたしは「最後の審判」という文言の中では、「審判」という名詞ではなくて、「最後の」という形容詞が重要なのだと思っています。わたしたちそれぞれにとって、「自分って何なのか」は最後まで未決定なのです。答えは最後にしか出せません。それが「最後の審判」が「最後の審判」と言われる意味なのだとわたしは思っています。ミケランジェロが念頭においていたのは、新約聖書の最後にあるヨハネの黙示録の二〇章11−15節です。そこには、こうあります。

[11]わたし〔ヨハネ〕はまた、大きな白い玉座と、そこに座っておられる方とを見た。天
も地も、その御前から逃げて行き、行方が分からなくなった。[12]わたしはまた、死者たち
が、大きな者も小さな者も、玉座の前に立っているのを見た。幾つかの書物が開かれた
が、もう一つの書物も開かれた。それは命の書である。死者たちは、これらの書物に書か
れていることに基づき、彼らの行いに応じて裁かれた。[13]海は、その中にいた死者を外に
出した。死と陰府も、その中にいた死者を出し、彼らはそれぞれ自分の行いに応じて裁か
れた。[14]死も陰府も火の池に投げ込まれた。この火の池が第二の死である。[15]その名が命
の書に記されていない者は、火の池に投げ込まれた。

注意していただきたいのですが、この箇所で強調されているのは、ミケランジェロが描くような「最後の審判」のおどろおどろしさではありません。むしろ「死後の」さばきであることが強調されていることに注意が必要です。その証拠に、「死者（たち）」あるいは「死と陰府」という表現が繰り返し現れてくることに注意してください。「最後の審判」とは、何より

も「死者の審判」のことなのです。このことが最大のポイントです。

そもそも「死者」とは、何でしょうか。その地上の生涯が終わりに達して、もう新しい行動と出来事を経験することがない者のことです。神が行う「最後の審判」は、「最後の」、つまり人それぞれの「死後の」審判、すなわち「死者の審判」なのです。なぜなら、それぞれの人が何者であるかは、それぞれの人生の終わりからしか決定されないからです。それゆえ、神さまもそれぞれの人の「死後」にしか、答えを下すことができないのです。

難しくて、重い話になってしまいました。わたしが皆さんに伝えておきたいのは、この二学期の毎日、些細に見えるかもしれないあらゆる出来事、体験と行動を大切にして、生活してくださいということです。それはあなたがたそれぞれの中に蓄積されて、やがてあなたがたが何であるかを決めていくからです。


（二学期始業式、二〇一四年九月一日）

第Ⅱ部

神は苦しむ者の側に

「下着を取ろうとする者には、上着をも取らせなさい」

マタイによる福音書五章38－42節

38「あなたがたも聞いているとおり、『目には目を、歯には歯を』と命じられている。39しかし、わたしは言っておく。悪人に手向かってはならない。だれかがあなたの右の頬を打つなら、左の頬をも向けなさい。40あなたを訴えて下着を取ろうとする者には、上着をも取らせなさい。41だれかが、一ミリオン行くように強いるなら、一緒に二ミリオン行きなさい。42求める者には与えなさい。あなたから借りようとする者に、背を向けてはならない」。

わたしは二－三週間に一度の割合で、朝の礼拝を担当しています。いつもはマルコ福音書を段落ごとに順に取り上げているのですが、今朝は例外的に逸脱して、マタイ福音書の五章40節について、お話しすることにします。

そのきっかけは、先日学内で行われた会議の冒頭で、出席者全員でこの箇所を読んだときのことでした。隣り合わせた同僚の先生が、40節の「あなたを訴えて下着を取ろうとする者には、上着をも取らせなさい」について、「大貫先生、この文章の背景には、当時の諺か何かがあったのですか」と、小声で質問してこられました。

その時、わたしは即座に、「我が意を得たり」というのは当たらないかもしれませんが、「ああ、やっぱり。そこにひっかかるんだ」と感じました。というのは、わたし自身もずっと長い間、この文章に同じように何かひっかかるものを感じて、すんなり腑に落ちないままでいたからです。

40節は、最初に「あなたを訴えて」とあるから、裁判の場面が問題になっているに違いありません。その上で、いったい何が腑に落ちないのでしょうか。たしかにいくつかの疑問が生じてきます。特に「下着を取ろうとする者」とは、いったいどういうことでしょうか。

(1)これから追いはぎ強盗をやろうとする者が、初めから上着ではなくて、「下着をよこせ」と言うことがあるだろうか。あるいは、追いはぎ強盗の被害に遭った者が裁判の席で相手から物品を取り戻そうとするとき、下着から返せと要求することがあるだろうか。普通なら、「上着をよこせ」と言うのではないか。初めから「下着をよこせ」というのは、もちろん下着の種類にもよるが、いわゆる「変な人」なのではないか。イエスはそういう「変な人」のことを考えていたのか。

(2)ひょっとしたら、イエスは上着と下着の順番を本当は逆にしゃべっていたのではないか。

そして、そのイエスの発言を語り伝えた人たちが、間違えて順番を入れ替えてしまったのではないか。

(3)しかし、もしそうだとすると、イエスは「上着を取ろうとする者には、下着もくれてやりなさい」と言ったことになる。そうすれば、強盗や裁判での告発者もびっくりして、逃げ去るだろうというのだろうか。もしこれが当たっているとすると、イエスという人は相当にブラックジョークの名手だったことになる。

まずイエスの発言の文言ですが、腑に落ちないものの上着と下着の順番は今のままでよいというのが正解です。さらに下着よりも上着の方が価値があるということも、常識からしても当然の判断ですが、イエスの時代の貧しい庶民にとっては、上着は冬の寒さから命を守って生き延びるための最後の手段でした。そのことは、はるか昔からのモーセ律法の中でも、明確に言及されている通りです。

[25]もし、隣人の上着を質にとる場合には、日没までに返さねばならない。[26]なぜなら、それは彼の唯一の衣服、肌を覆う着物だからである。彼は何にくるまって寝ることができるだろうか。もし、彼がわたし〔神ヤハウェ〕に向かって叫ぶならば、わたしは聞く。わたしは憐れみ深いからである。

(出二二25－26)

[10]あなたが隣人に何らかの貸し付けをするときは、担保を取るために、その家に入ってはならない。[11]外にいて、あなたが貸す相手の人があなたのところに出て来るのを待ちなさい。[12]もし、その人が貧しい場合には、その担保を取ったまま床に就いてはならない。[13]日没には必ず担保を返しなさい。そうすれば、その人は自分の上着を掛けて寝ることができ、あなたを祝福するであろう。あなたはあなたの神、主の御前に報いを受けるであろう。

（申二四10－13）

上着はそれほど命にとって重要でした。下着をよこせと言う者に、さらに大切な上着まで取らせなさい、というイエスの言葉は、自己放棄の極致を奨めるものに他なりません。このポイントを抑えた上で、マタイによる福音書五章40節の前後の文章を読んでみましょう。すると見事に筋が通ります。

まず、39節「悪人に手向かってはならない。だれかがあなたの右の頬を打つなら、左の頬をも向けなさい」ですが、悪人に左の頬を殴られたら、殴り返すのが「普通」でしょう。それで初めて、受けた害と加えた報復が釣り合って、差し引きゼロになるからです。これは「同害報復法」と呼ばれる原則でした。目下問題になっているイエスの発言の直前の38節には、「あなたがたも聞いているとおり、『目には目を、歯には歯を』と命じられている」とあります。イエスが念頭においているのは、モーセ律法の中に繰り返しでてくる同害報復法の条項（出二一

24、レビ二四20、申一九21）のことですが、その背後にはハムラビ法典にまでさかのぼるオリエント世界の法の伝承が潜んでいます。

同害報復法の原則からすると、殴られたままでいること、つまり文字通りの「無抵抗」は、差し引きゼロの規準から言わばマイナス側へ後退したままの態度なのです。それを仮にマイナス1の後退だとすれば、もう一方の頬まで相手に向けて、殴らせることはマイナス2の行動です。ところが、イエスは自分の方からそのマイナス2を積極的に引き受けなさい、と言っているのです。

41節には、「だれかが、一ミリオン行くように強いるなら、一緒に二ミリオン行きなさい」とあります。誰かが理由もなく、一ミリオン一緒に来いと強制してきたら、「いやだよ」と言って拒むのが普通。無抵抗のまま一ミリオン行くのは、常識から一歩後退したという意味でマイナス1の行為です。しかし、イエスはもう一ミリオン一緒に歩いてやって、言わばマイナス2を自分の方から積極的に引き受けなさい、と言うのです。

42節について言えば、だれかが金を貸してくれ、と言ってきたら、背を向けて貸さないのが普通。貸すのがマイナス1。なぜなら、ほとんど返してはもらえないのが常識だからです。マイナス2は「与える」こと、つまり、返してもらうことをあてにしないでくれてやることです。このマイナス2を自分の方から積極的に引き受けなさい。イエスはそう求めています。

40節も同じです。「着ている衣服をよこせ」と言われても、くれてやらないのが常識。下着という価値が小さい方を、要求されるままにくれてやるのがマイナス1。しかしイエスは、仮に寒さから自分の命を守れないことになっても、上着も一緒にくれてやれ、つまりマイナス2を自分の方から積極的に実行しなさいと言うのです。

イエスの発言がモーセ律法の中にも取り入れられていた同害報復法の原則に対して、一貫して異議を唱えていることは明らかです。「目には目を、歯には歯を」（38節）というフレーズは、復讐を積極的に奨めるものであるかのように誤解されることがありますが、本来の趣旨は、復讐は受けた害の範囲を超えてはならない、ということでした。つまり、復讐が無限に拡大反復しやすいことを前提として、それを防止しようとするものでした。その本来の趣旨が実際にどこまで実現されたかは、怪しい限りです。復讐を無限に拡大反復してしまう人間の本性の前に、実に脆弱な法律だと感じませんか。

おそらくイエスも同害報復法の危うさを見抜いていたのです。彼は復讐と正反対の方向への拡大反復、つまり受けた損傷の拡大反復を奨めるのです。それは自分により大きい害を加えさせることによって、積極的に抵抗する行動なのです！　イエスの意図は、こちらに害を加えてくる者（「敵」）の隠された「良心」に訴えることです。自分が理不尽なことをしていることを「敵」に気づかせる最後のチャンスに賭ける勇気。もちろん、その勇気が成功するかどうかは分かりません。それは賭けです。あるいは「祈り」に近いと言うことができるでしょう。事実、イエスは「わたしたちを誘惑に遭わせず、悪い者（サタン）から救ってください」（マタ六

13）と祈ることを教えたのです。「やられたら、やりかえして普通」。これこそが「悪い者（サタン）」からの誘惑だと言うのです。

「下着を取ろうとする者には、上着をも取らせなさい」は、単なる受身の「無抵抗」ではありません。むしろ最後に残された武器によらない抵抗行動なのです。

（最高学部礼拝、二〇一一年一月二八日）

「メシア」とは――ユダヤ教とキリスト教の違い

最初に一つお知らせですが、わたしは家庭の事情で、朝のこの礼拝の時間に間に合うように学校に到着するのが難しくなってしまいました。残念ですが、今朝を最後にしばらく礼拝を休ませていただきます。それで今朝は、皆さんに何をお話しするのが一番良いのか考えました。その結果、ユダヤ教とキリスト教がお互いに「かぶって」いて、同時に最も深く異なっている点についてお話ししておきたいと思います。それは、「メシア」（ヘブライ語）あるいは「キリスト」（ギリシア語）という言葉の使い方の問題です。

皆さんは、クリスマスの季節に繰り返し歌われるヘンデルの『メサイア』という曲のことはよく知っていますね。「メサイア」は、英語ではMessiahと綴ります。英和辞書を引くと、「救世主」のことだと書いてあります。それはイエス・キリストのことだと、皆さんはすぐに思うでしょう。それは間違いではありません。しかし、「メサイア」のもともとの語源は英語ではなくて、旧約聖書の言葉、つまりヘブライ語です。そのヘブライ語を日本語でカタカナ表記する場合には、「メシア」と書きます。他方、新約聖書はギリシア語で書かれていて、そこでは「メシア」は「クリストス」（Christos）と綴られています。これが日本語訳では「キリスト」と表記されているわけです。

旧約聖書という呼び方は、新約聖書と対を成しています。新約聖書はキリスト教の聖書ですが、旧約聖書はもともとはユダヤ教の聖書でした。ユダヤ教はキリスト教が成立する前からありました。イエスはそのユダヤ教の中で生まれ育ちました。イエスも含めて、ユダヤ教徒は自分たちの聖書を「旧約聖書」とは呼ばず、ただ「聖書」と呼んでいたと考えてください。そのユダヤ教徒たちも、やがて「メシア」（救世主）が到来することを待ち望んでいました。彼らにとっての「メシア」の役割は、のちにキリスト教がイエスを「キリスト」と呼ぶ場合とは、非常に違ったものでした。どう違っていたのでしょうか。また、どうしてそのような違いが生まれてきたのでしょうか。

ユダヤ教の聖書で、「メシア」はもともと「油を塗られた者」という意味でした。古代のイスラエルでは、ある人が選ばれて特別な任務を任せられるときには、その人に「油」を注ぐ儀式が行われたのです。何の油かはわたしにもよく分かりませんが、その目的は、神の力（霊）がその人の上に降って、特別な任務を首尾よく果たせるようになるためでした。

その最も良い証拠は、旧約聖書（本当は「ユダヤ教の聖書」と言うべきなのですが、話を簡単にするために、キリスト教の言い方を借りて「旧約聖書」と言わせてもらいます）のサムエル記上一六章1－13節です。ダビデが初代の王に選ばれる場面です。すべてを読むには長過ぎるので、

12－13節だけ読んでみましょう。

エッサイ〔ダビデの父〕は人をやって、その子〔羊の番をしていたダビデを指す〕を連れて来させた。〔中略〕主〔神〕は言われた。「立って、彼に油を注ぎなさい。これがその人だ」。サムエルは油の入った角を取り出し、兄弟たちの中で彼に油を注いだ。その日以来、主〔神〕の霊が激しくダビデに降るようになった。

この後のダビデは、イスラエルの軍隊のリーダーとして、次々と周りの敵を打ち破って、やがて独立の王国を打ち立て、最初の王となりました（紀元前一〇〇四年）。

それからイエスが登場する時代まで約千年。イスラエル人、あるいは同じことですが、ユダヤ人は、それぞれの時代に、周りの世界帝国（エジプト、アッシリア、バビロニア、ペルシア、ギリシアなど）の支配下におかれ、さまざまな苦しみを舐め続けました。イエスの時代のユダヤ教徒たちがおかれていたのは、ローマ帝国の支配下でした。

それぞれの時代のユダヤ教徒たちは、当然ながら、自分たちをそのような苦しい外国の支配から解放してくれる強いリーダーが出現するのを待ち望むことになりました。そのリーダーが「メシア」（油注がれた者）と呼ばれた「救世主」だったのです。そのメシア待望によれば、来るべきメシアは、かつて初めて油注がれて王となったダビデの子孫でなければなりませんでした。その誕生も、ダビデゆかりの町ベツレヘムで起きるはずでした。

このような考え方からすれば、メシアは無敵の戦士であるはずでした。断じて、敵の手にかかって殺されるはずのない無敵の戦士でなければなりませんでした。これがユダヤ教のメシアの最も重要なポイントです。

ややこしいのは、キリスト教も「メシア」という言葉を使うことがあることです。新約聖書にも繰り返し出てきます。

しかし、新約聖書では、「キリスト」という言葉の方が、頻度としては多く使われています。イエスの時代のユダヤ教徒たちは、自分たちの母国語の他にギリシア語も多かれ少なかれ使わざるを得ない二言語（バイリンガル）の状況の中に生活していたので、それも当然のことです。しかし、「キリスト」という呼称も、もともとは「油を塗る」という意味のギリシア語から来ているのです。ですから、「油を注がれた者」のもともとの語源は、ヘブライ語の「メシア」の場合と全く同じです。

つまり、新約聖書を書いた人たち、すなわち最初のキリスト教徒たちは、「メシア」あるいは「キリスト」を、自分たちで無から創造したのではないのです。もうすでに周りのユダヤ人たちがそれを使っていたのです。最初のキリスト教徒たちは、それを貰い受けたのです。純粋に単語としては、ユダヤ教とキリスト教の間で違いはまったくありません。皆さんの言葉遣いを借用して言えば、百パーセント「かぶっている」わけです。

しかし、キリスト教徒たちは、その同じ言葉を、真逆の意味で使っていきました。つまり、ローマという強大な敵によって、彼らの法律が定めていた中でも最も残虐な処刑法（十字架刑）で殺されたナザレのイエスという人物をこそ、「メシア」、「キリスト」、さらには「神の子」と信じて、告白していったのです。

思い出してくださいね。殺される前のイエスは、「神の国」を宣べ伝えながら、どういうことをしていたでしょうか。徴税人や遊女とも当然のように交際し、一緒に食事もしました。安息日にも病人や障碍者を癒しました。儀式的な礼儀作法に無頓着でした。そして、律法は人間のために造られたのであって、人間が律法のために造られたのではないとも断言しました（マコ二27参照）。

その結果、イエスはモーセ律法を生真面目に守ろうとするファリサイ派の人々から目を付けられて逮捕され、裁判にかけられ、ローマ総督（ピラト）の手に渡されました。ローマ総督は、イエスを十字架の上に「吊るし上げ」て、延々と断末魔の苦しみを舐めさせた上で、息を引き取らせました。

最初の弟子たちは、それを目の当たりにしたとき、怖くてちりぢりに逃げ去りました。しかし、やがて彼らは悟りました。「多くの他人を救ったのに、自分は救えずに処刑されたイエスこそ、まことに神の子」であったのだ、と。そこに神さまの、これまでまったく知られずにきた新しい御心が現れているのだ、と。それゆえ、キリスト教がその後今日まで、「メシア」あるいは「キリスト」と信じるイエスとは、「十字架上に殺されたメシア〔キリスト〕」のことなのです。真面目なユダヤ教徒から見れば、ローマという敵の手で十字架という極刑で殺害されたあわれな男イエスを、こともあろうに「メシア」と信じるキリスト教徒は、ゆるしがたい輩に他なりません。

こうして、「メシア」、「キリスト」という言葉自体は同じでも、ユダヤ教とキリスト教がそれに込めている意味は、真逆のものとなってしまったのです。その違いをもっとも明瞭に著しているのが、ヨハネ福音書一二章34節で、ユダヤ人たちがイエスに向かって口にする次の発言です。

「わたしたちは律法によって、メシアは永遠にいつもおられると聞いていました。それなのに、人の子〔自分のことをメシアと言っているあなた〕は上げられねばならない、とどうして言われるのですか」。

今朝のわたしの話をきっかけとして、ユダヤ教とキリスト教の間の重なり合いと違いを、しっかり分かってもらえたら、それ以上嬉しいことはありません。

（自由学園女子部礼拝、二〇一三年九月二〇日）

「ダビデの子メシア」とイエス

マルコによる福音書一二章35－37節

[35]イエスは神殿の境内で教えていたとき、こう言われた。「どうして律法学者たちは『メシアはダビデの子だ』と言うのか。[36]ダビデ自身が聖霊を受けて言っている。
『主は、わたしの主にお告げになった。
「わたしの右の座に着きなさい。
わたしがあなたの敵を
あなたの足もとに屈服させるときまで」と』。
[37]このようにダビデ自身がメシアを主と呼んでいるのに、どうしてメシアがダビデの子なのか」。大勢の群衆は、イエスの教えに喜んで耳を傾けた。

この箇所は福音書の中で、最も読みにくい箇所の一つです。まず、その理由を説明しましょう。

36節は、旧約聖書の詩編一一〇編1節からの引用です。その最初の部分に「主は、わたしの主にお告げになった」とあって、「主」という言葉が二回出てきます。初めから、頭をひねらざるを得ないような文章ですね。それぞれの「主」は、一体誰を指しているのでしょうか。よく読むと分かりますが、イエスの読解では、一回目の「主」は「ヤハウェ」（神）を指しています。二回目の「わたしの主」の「わたし」は、詩編一一〇編からのこの引用文の語り手、つまりダビデのことです。従って「わたしの主」とは、ダビデが部下として仕える「主君」に当たることになります。

しかし、皆さんの中には、なぜそう簡単に「わたし」は「ダビデ」のことだと言えるのか、不思議に思う人がいるかもしれません。そう言える理由は、ユダヤ教の長い伝統では、全体で一五〇編から成る詩編の大半がダビデの作だと考えられていたからです。事実、新共同訳の詩編一一〇編の見出しにも、少し小さな字で「ダビデの詩。賛歌」と記されている通りです。イエスもユダヤ教徒として、この伝統的な見方に従っているわけです。

先に読み進みましょう。イエスは、「わたし（ダビデ）の主」が「メシア」を指すものと考えています。37節に「このようにダビデ自身がメシアを主と呼んでいるのに、どうしてメシアがダビデの子なのか」とあるので、その点は疑問の余地がまったくありません。この37節は修辞疑問です。明らかにイエスは「メシアはダビデの子」ではあり得ない、という意見だったのです。つまり、律法学者たちとは異なる意見だったのです。ちなみに、「子」というのは、「子孫」あるいは「血統」という意味で、直接の父子関係を指しているわけではありません。

そもそも今朝読んだ段落全体の冒頭に位置する35節でも、イエスは「どうして律法学者たちは『メシアはダビデの子だ』というのか」と発言しています。すでにここで、イエスはメシアの素性について、律法学者たちの見方とは違う見方をしていることが示唆されています。同時に、当時のユダヤ教徒の間では、メシアの素性をめぐって意見が分かれていて、統一見解がなかったことが暗示されています。律法学者たちの「メシアはダビデの子だ」という意見は、おそらく最も優勢ではあったとしても、唯一の見方ではなかったのです。

では、なぜイエスは、律法学者たちが唱える有力見解に逆らって、「メシアはダビデの子ではない」と断言するために、他でもない詩編一一〇編1節を引用してくるのでしょうか。そこでは、イエスの読解では、ダビデ自身がメシアを自分の「主」と呼んでいます。ダビデ自身が自分の「主」と呼んでいるメシアがダビデの「子」であるはずがない、というのは筋が通っています。しかし、理由はただそれだけなのでしょうか。

わたしはそうではないと思います。詩編一一〇編のその先には、イエスにとってさらに重要な文章が含まれているのです。特に重要な文章だけ、一緒に読んでみましょう。

主〔ヤハウェ〕はあなた〔メシア〕の力ある杖をシオン〔エルサレム〕から伸ばされる。敵のただ中で支配せよ。（2節）

主〔ヤハウェ〕はあなた〔メシア〕の右に立ち
怒りの日に諸王を撃たれる。（5節）
主は諸国を裁き、頭となる者を撃ち
広大な地をしかばねで覆われる。（6節）

つまり、詩編一一〇編の描くメシアは、権力と武力を揮って、ユダヤ人の周辺の敵国を撃破し、かつてのダビデ王国の独立と栄光を取り戻す戦士なのです。イエス時代のユダヤ教徒の間では、メシアの素性をめぐってさまざまな見方があった中で、最も優勢だった「ダビデの子」という見方は、明瞭に軍事的、政治主義的、民族主義的な考え方だったのです。

そのようなメシア待望は、イエスが「神の国は近づいた。悔い改めて福音を信じよ」と言って告知した「神の支配」とは、全くの別物でした。

ましてや、イエスは自分自身がそのようなメシアであるとは、毛頭思っていなかったはずです。しかし、皆さんは疑問に思うことでしょう。「神の国」を告知して歩いた生前のイエスが、自分自身のことをメシアだとは毛頭思っていなかったのであれば、どうして新約聖書とその後のキリスト教では、「イエス・キリスト」という言い方をするのか。この言い方は、イエスこそキリスト、すなわちメシアという意味ではないのか、と思うのではないでしょうか。

このような疑問はまったくもって当たっています。そしてきわめて重要な疑問です。手短かに答えを言いますが、イエスを「キリスト」（メシア）と信じて、そう言い表していったのは、イエスの死後に残された弟子たちでした。

しかし、よく注意してもらいたいのですが、その時彼らは、イエスが他でもないユダヤ人の不倶戴天の敵国ローマの極刑、つまり十字架刑で処刑された事実を、身を切られるような痛みとともに承知していたのです。彼らにとって、イエスは単純に詩編一一〇編が描くような、権力と武力で周辺の敵国（ローマ）を撃破するメシアではもはやないのです。彼らにとって、イエスは「処刑されたメシア」なのです。ユダヤ教徒の軍事的、政治主義的、民族主義的な「ダビデの子メシア」の待望は、今や真逆の意味のものになっているのです。

それでも、不思議な事実がまだ一つ残っています。それは新約聖書には、イエスの家系そのものがダビデの血統に連なることが、繰り返し語られていることです。最も良い例は、マタイとルカ福音書のそれぞれ最初の二章にあるいわゆる処女降誕物語です。そこには、ご存知の通り、イエスの家系図が記されています（マタ一1－17、ルカ三23－38）。それ以外にも、例えばローマの信徒への手紙一章3節には、「御子〔イエス・キリスト〕は、肉によれば、ダビデの子孫から生まれ」とあり、使徒言行録一三章23節には、「神は約束に従って、このダビデの子孫からイスラエルに救い主イエスを送ってくださったのです」と記されています。

生前のイエス自身は、「メシアはダビデの子」ではないと断言していました。ましてや自分自身が、そのようなメシアであるとは毛頭思っていませんでした。しかし、そのことと、イエスの家系そのものがダビデの血統の一端に連なるものであったかどうかは、別の問題です。そして事実、その可能性は否定できないのです。

最後に、その可能性を強く示唆する伝承を一つ紹介して話を終わりにします。紀元後三世紀から四世紀にかけて活躍して、キリスト教がローマ帝国による迫害に耐えて、やがては国教となっていく初めの頃を見届けたエウセビオス（三三九年没）という人物がいます。その主要著作は『教会史』と呼ばれ、今でも読むことができます。その第三巻二〇章1―6節には、まだキリスト教を迫害していた皇帝ドミティアヌス（紀元後八一―九六年在位）がイエスの親族の生き残りの者たちを直接尋問する場面が書き残されています。

> そのころ、主イエスの血肉の兄弟と伝えられるユダという人物〔マコ六3参照〕の孫が何人か生きていた。彼らはダビデの子孫という廉で法律によって捜索されていた。一人の密告者が彼らをドミティアヌスの前に引き出した。というのも、このローマ皇帝もヘロデ王と同じように、キリストの再臨を恐れていたからである。そこでドミティアヌスは彼らに、ダビデの血統かどうかを尋問した。彼らはそうだと答えた。それからドミティアヌスは彼らの財産はどれほどかと質した。彼らは、二人合わせて九千デナリの財産で、それぞれの持ち分はその半分だと答えた。彼らはさらに付け加えて、その財産も現金ではなく、

三九モルゲン〔一モルゲン＝約三〇アール〕の田畑であり、それを二人は自分の手で耕作して、税金を納めると同時に日々の糧を賄っていると言った。そう言った後で、彼らはドミティアヌスに自分たちの手を差し出して見せた。その固いこと、また過酷な労働のためにできたタコを証拠に、自分たちが農夫であることを証明して見せた。彼らはキリストについて、また、その王国はどのようなもので、どこに何時現れるのかと尋問された。すると、彼らはそれはこの世とこの地上のものではなく、むしろ天上のもの、天使たちのものであって、世界が終る時に初めてやって来るものであること、その時にはキリストは栄光の内に現れて、生者と死者をそれぞれの生き様に従って裁くだろうと答えた。これを聞いてドミティアヌスは彼らを有罪とはしなかった。むしろ蒙昧な者たちとして軽蔑した。そして彼らを釈放するように命じるとともに、教会に対する迫害を中止させた。釈放された彼らの方は、主イエスを告白するとともに主の親族だということで、教会の内部で指導的な立場を与えられた。迫害が止んで平和が訪れた後、彼らはトラヤヌス帝の時代〔紀元後九八－一一七年在位〕まで生きた。

エウセビオスもこの一族について伝聞に基づいて書いているに違いありませんから、記事の一部始終にどこまで歴史的信憑性があるのか、慎重な判断が必要になります。しかし、ドミティアヌスの時代には、キリスト教会は迫害にもかかわらず、地中海世界の各地に広まり、カトリック教会の礎が築かれつつありました。その時代まで生前のイエスの遠縁の者たちが、教会の主流を外れたところで土を耕して細々と生計を立てていたという話には、何とも言えないリアルさが感じられます。

（最高学部礼拝、二〇一三年九月二七日）

十字架につけられたメシア

マルコによる福音書一五章21－37章

[21]そこへ、アレクサンドロとルフォスとの父でシモンというキレネ人が、田舎から
出て来て通りかかったので、兵士たちはイエスの十字架を無理に担がせた。[22]そし
て、イエスをゴルゴタという所――その意味は「されこうべの場所」――に連れて行
った。[23]没薬を混ぜたぶどう酒を飲ませようとしたが、イエスはお受けにならなかっ
た。[24]それから、兵士たちはイエスを十字架につけて、

その服を分け合った、
だれが何を取るかをくじ引きで決めてから。

[25]イエスを十字架につけたのは、午前九時であった。[26]罪状書きには、「ユダヤ人
の王」と書いてあった。[27]また、イエスと一緒に二人の強盗を、一人は右にもう一人
は左に、十字架につけた。[29]そこを通りかかった人々は、頭を振りながらイエスをの
のしって言った。「おやおや、神殿を打ち倒し、三日で建てる者、[30]十字架から降り
て自分を救ってみろ」。[31]同じように、祭司長たちも律法学者たちと一緒になって、

代わる代わるイエスを侮辱して言った。「他人は救ったのに、自分は救えない。[32]メシア、イスラエルの王、今すぐ十字架から降りるがいい。それを見たら、信じてやろう」。一緒に十字架につけられた者たちも、イエスをののしった。

[33]昼の一二時になると、全地は暗くなり、それが三時まで続いた。[34]三時にイエスは大声で叫ばれた。「エロイ、エロイ、レマ、サバクタニ」。これは、「わが神、わが神、なぜわたしをお見捨てになったのですか」という意味である。[35]そばに居合わせた人々のうちには、これを聞いて、「そら、エリヤを呼んでいる」と言う者がいた。[36]ある者が走り寄り、海綿に酸いぶどう酒を含ませて葦の棒に付け、「待て、エリヤが彼を降ろしに来るかどうか、見ていよう」と言いながら、イエスに飲ませようとした。[37]しかし、イエスは大声を出して息を引き取られた。

マルコ福音書一五章21－37節には、イエスが十字架につけられて、絶命するまでのことが記されています。

十字架刑というのは、ローマの法律（ローマ法）に定められた処刑法で、特に皇帝の支配権に反逆した罪（大逆罪）に対して下された極刑でした。イエス以前にも、ローマ帝国が支配した広大な版図の各地で事例が確認されています。つまり、ローマの属州とされた被支配民族の中から繰り返し叛乱が勃発し、その首謀者たちの多くが十字架刑に処されたのです。

その具体的な手順ですが、まず最初に罪状についての尋問が行われます。尋問するのは、皇帝の代理としてのローマ総督です。続いて、刑吏による鞭打ち（ルカ二三16、22、ヨハ一九1参照）が執行されます。その鞭の先端には、金属製の鉤がつけられていましたから、それで繰り返し打擲《ちょうちゃく》されれば、皮膚が裂け、肉が露出したはずです。その後は、十字架の横木となる木材を背負わせて処刑場まで歩かせました。受刑者の頸《くび》には罪状書の板が吊るされました。処刑場にはあらかじめ立杭用の木材が用意されています。そこまで来た受刑者は横木を背負ったまま、仰向けに固定されます。そのために手首と足首に釘を打たれ、その上から補強のために縄で縛られることもありました。それから受刑者が固定された十字架全体を、刑吏たちが数人掛かりで立ち上げるのです。

十字架刑は、受刑者に可能な限り断末魔の苦しみを味わわせるための処刑法でした。そのために、受刑者の意識が遠のくと覚せい剤を口に含ませました。マルコ福音書一五章36節に「酸いぶどう酒」と出てくるのがそれに当たります。最後の最後に、息の根を止めるには、体重を支えている脛の骨を打ち砕きました（ローマ法のラテン語ではcrurifragium）。ヨハネ福音書一九章32－33節で、ローマの兵士たちがイエスの「足を折ろう」と近づいたが、すでにイエスは死んでいた、とあるのがそのことを指しています。

そのようにして絶命した後の受刑者の死体がどういう惨状を呈するかは、想像に余りあると言わねばなりません。一言で言えば、正視に耐えないに違いありません。ところが、福音書の

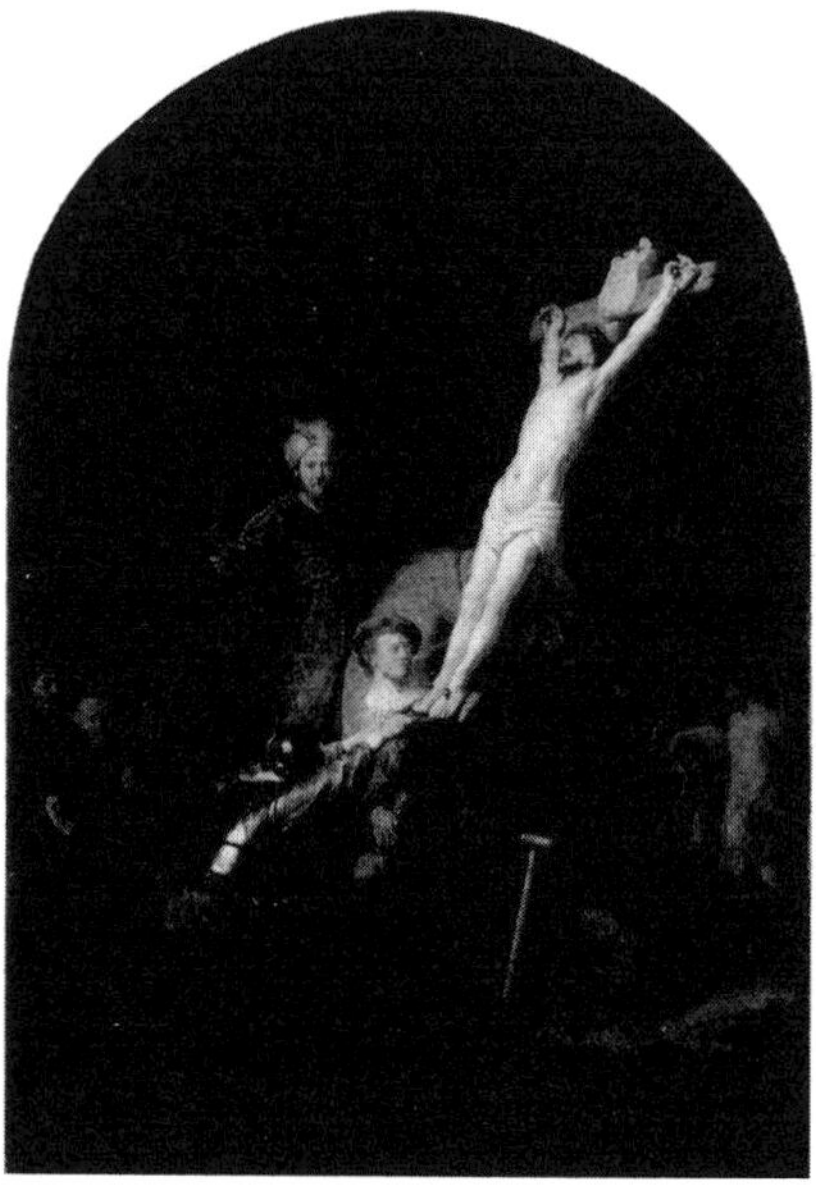

レンブラント「キリストの十字架を立てる」

叙述からは、そのような残酷さがあまり伝わってきません。もちろん、そこには言葉では表現し切れないという事情もあるでしょう。

それならば、絵画はどうでしょうか。特にヨーロッパの美術史では、十字架上のイエス・キリストの最期は、無数の画家たちによって描かれてきました。そのことは「百聞一見に如かず」の通り、ヨーロッパ各地の有名美術館に行けば一目瞭然です。それらの絵のほとんどすべてに共通するのは、十字架上のイエス・キリストの顔を断末魔の苦悶の表情で描くよりも、何とも言えない美しさを添えていることです。例えば、ここにレンブラントの有名な絵のコピーがあります。よく見ると、たしかに手足からの出血がリアルに描かれています。しかし、それもよく見ないと分かりません。全体としては、光の美しさが際立っています。光と陰の画家であるレンブラントらしい描き方です。

逆に、十字架刑の本当の残虐さが前面に出されると、日本人の場合はもちろんのこと、キリスト教文化圏の国々でも、多くの人がショックを受けることになります。その分かりやすい事例の一つが、二〇〇四年に公開されたアメリカ映画『パッション』（原題はThe Passion of the Christ）という映画です。メル・ギブソンという監督が自ら主演を務めています。題名からすると、皆さんは「情熱」というような意味を考えるかもしれませんが、「受難」、つまりイエスの十字架の処刑を指しています。すでに述べた十字架刑の実際の手順を、イエスの場合に即して微に入り細を穿って映像化したもので、世界的なセンセーションを巻き起こしました。

さらに、わたし自身の経験をお話ししましょう。わたしはドイツ留学時代に、ある田舎の木工民芸品の店で、キリストが十字架の上で頭を垂れている小さな彫刻を買い求めて、日本に持ち帰りました。そして、しばらく自宅の居間に掛けていました。ある日、親戚の女性がやってきて、開口一番「何だか気持ち悪い」と言ったのです。わたしはすぐに、「実に正直な人だな」と思いました。リアルな十字架像が気持ち悪く感じられるのは、通常の感覚ではきわめて自然なことなのです。

最後にぜひお話ししておかねばならないのは、ドストエフスキー（一八二一－一八八一年）のことです。彼はある時、スイスに旅行しました。その旅行中に、バーゼル美術館でハンス・ホルバインのテンペラ画「墓の中の死せるキリスト」（一五二一年頃、次頁参照）を見て、大変な衝撃を受けたのです。ドストエフスキーはそのあまりの衝撃を、『白痴』という小説の一場面で文章にしています。小説の題名の「白痴」は、主人公のムイシュキン公爵を指しています

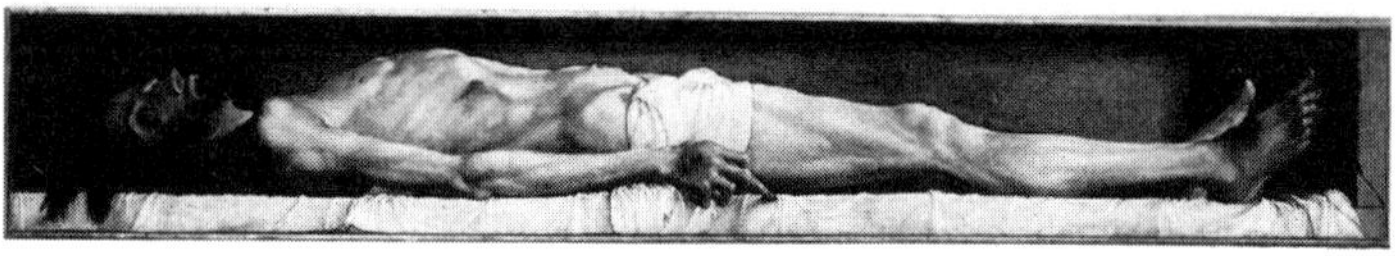

ホルバイン「墓の中の死せるキリスト」

が、その場面では哲学少年イッポリュトが友人のロゴージンの家を訪れたときに目にした絵画のことを、ムイシュキン公爵に報告しています。その場面を、読んでみましょう。

その絵には、たったいま十字架からおろされたばかりのキリストの姿が描かれていた。画家がキリストを描く場合には、十字架にかけられているのも、十字架からおろされたのも、ふつうその顔に異常な美しさの翳《かげ》を添えるのが一般的であるように思われる。画家たちはキリストが最も恐ろしい苦痛を受けているときでも、その美しさをとどめておこうと努めている。

ところが、ロゴージンの家にある絵には、そのような美しさなどこれっぽっちもないのだ。これは十字架にのぼるまでにも、限りない苦しみをなめ、傷や拷問や番人の鞭を受け、十字架を負って歩き、十字架のもとに倒れたときには愚民どもの笞を耐えしのんだあげく、最後に六時間におよぶ（少なくとも、ぼくの計算ではそれくらいになる）十字架の苦しみに耐えた、一個の人間の赤裸々な死体である。いや、たしかに、たったいま十字架からおろされたばかりの、まだ生きた温かみを多分に保っている人間の顔である。まだどの部分も硬直していないから、その顔にはいまなお死者の苦痛の色が、浮かんでいるようである（この点は画家によって巧みに表現されている）。そのかわり、その顔はすこしの容赦もなく描かれてある。そこにはただ自然があるばかりである。まったく、たとえどんな人であろうとも、あのような苦しみをなめたあとでは、きっとあんなふうになるにちがいない。キリストの受難は譬喩的なものではなく、現実のものであり、したがって、彼の肉体もまた十字架の上で自然の法則に十分かつ完全に服従させられたのだと、キリスト教会では初期のころから決定していることを、ぼくは知っている。この絵の顔は鞭の打擲《ちょうちゃく》でおそろしく打ちくだかれ、ものすごい血みどろな青痣でふくれあがり、眼を見開いたままで、瞳はやぶにらみになっている。その大きく開かれた白眼はなんだか死人らしい、ガラス玉のような光を放っていた。

　ところが、不思議なことに、この責めさいなまれた人間の死体を見ていると、ある一風変わった興味ある疑問が浮かんできた。もしかりにこれとちょうど同じような死体を（いや、それはかならずやこれと同じようだったにちがいない）、キリストのすべての弟子や、未来のおもだった使徒たちや、キリストに従って十字架のそばに立っていた女たちや、その他すべて彼を信じ崇拝した人たちが見たとしたら、こんな死体を眼の前にしながら、どうしてこの受難者が復活するなどと、信じることができただろうか？　という疑問である。もし死というものがこんなにも恐ろしく、また自然の法則がこんなにも強いものならば、どうしてそれに打ちかつことができるだろう、という考えがひとりでに浮かんでくるはずである。生きているうちには自然に打ちかち、それを屈服させ、「タリタ・クミ」(マコ五42)と呼べば死者が歩みだしたというキリストでさえ、ついには打ちかつことのできなかった自然の法則にどうして打ちかつことができようか!

(ドストエフスキー『白痴』下、木村浩訳、新潮文庫、一九七〇年、一九三―二〇二頁。傍点は筆者)

皆さんもすでにお分かりだと思いますが、ドストエフスキーがこの文章の最後の部分、とりわけ傍点を付した文章で、言外に強調しているのは、キリスト教信仰の逆説性です。キリスト教は、イエス・キリストは神の子として、「わたしたちの罪の贖いのために十字架につけられたが、復活した」と信じます。特にパウロによれば、イエスの十字架の処刑は、救いの出来事の中心です。そこから見れば、多くの画家たちが受難の出来事を描くときに、美しさをとどめておこうと努めてきたのは当然と言わなければなりません。

しかし、忘れてならないのは、パウロのみならず、ペトロを初めとする直弟子たちも、後代の画家たち以上に、十字架刑の残酷さと衝撃をよく知っていたはずだということです。それにもかかわらず、どうしてその残酷さと衝撃を乗り越えることができたのでしょうか。ショックと挫折から立ち上がるのに、どれほどの精神的苦闘と、どれほどの想像力を必要としたことでしょうか。新約聖書を読むときには、そこに思いを潜めることが大切だと思います。

（最高学部礼拝、二〇一四年二月一四日）

生と死――イエスの「神の国」

イエスの「神の国」

生前のイエスは稀代の仕事人でした。ひたすら「神の国」を告知し続け、決して自分自身のことを顕示しませんでした。こう申し上げるだけで、本日わたしがこれからお話しするイエスが福音書の描くイエスとはかなり違うものになるらしい、とお感じになるはずだと思います。しかし本日は、なぜそのように違うイエスの話になるのか、その理由を詳しく説明している時間がございません。この点については、拙著『イエスという経験』（岩波書店、初版、二〇〇三年、岩波現代文庫版、二〇一四年）をご覧いただければ幸いです。

生前のイエスにとっては、「神の国」は理論や概念ではありませんでした。むしろ映像的に「見えている」ものでした。もっと正確に言えば、いくつかの映像（イメージ）がつながり合ったものとして見えていたのです。わたしはそれを「神の国のイメージ・ネットワーク」と呼んでいます。そこにどのような個々の映像が含まれているか。このことをわたしはすでにいろいろな場所で話したり、書いたりしてきましたが、本日ももう一度繰り返させていただきます。まずイエスは一人の古代人でしたから、宇宙が天上、地上、地下の三つの領域から成り立っているという古代的宇宙像を当然の前提としていました。イエスによると、サタンはもともと天上世界の住人の一人でしたが、すでにその天上世界から追放されて地上に墜落してきているのです。その代わり、天上では「神の国」の祝宴が始まっています。そのことは次の箇所から読み取ることができます（以下での聖書引用において、訳文は新共同訳を適宜変更している）。

イエスは言われた。「わたしはサタンが稲妻のように天から落ちるのを見ていた」。

（ルカ一〇18）

「やがて、この貧しい人（ラザロ）は死んで、天使たちによって宴席にいるアブラハムのすぐそばに連れて行かれた。金持ちも死んで葬られた。そして、金持ちは陰府でさいなまれながら目を上げると、宴席にいるアブラハムとそのすぐそばにいるラザロとが、はるかかなたに見えた。そこで、大声で言った。『父アブラハムよ、わたしを憐れんでください。ラザロをよこして、指先を水に浸し、わたしの舌を冷やさせてください。わたしはこの炎の中でもだえ苦しんでいます』」。

（ルカ一六19－26、抜粋）

天上で始まっている宴席に着いているためには、アブラハムは死から復活して天上にいなければなりません。族長イサク、ヤコブも含めて過去の死者たちがすでに死から復活して、天上の祝宴の席に着いているのです。そのことは次の箇所から読み取ることができます。

「死者の中から復活するときには、めとることも嫁ぐこともなく、天使のようになるのだ。死者が復活することについては、モーセの書の『柴』の箇所〔出三1－6〕で、神がモーセにどう言われたか、読んだことがないのか。『わたしはアブラハムの神、イサクの神、ヤコブの神である』とあるではないか。神は死んだ者〔複数〕の神ではなく、生きている者〔複数〕の神なのだ。あなたたち〔サドカイ派〕は大変な思い違いをしている」。

（マコ一二18－27、抜粋）

イエスはお答えになった。「行って、見聞きしていることをヨハネに伝えなさい。目の見えない人は見え、足の不自由な人は歩き、重い皮膚病を患っている人は清くなり、耳の聞こえない人は聞こえ、死者は生き返り、貧しい人は福音を告げ知らされている。わたしにつまずかない人は幸いである」。

（マタ一一2－6、ルカ七18－23、マタイから抜粋）

あなたがたは、アブラハム、イサク、ヤコブやすべての預言者たちが神の国に入っているのに、自分は外に投げ出されることになり、そこで泣きわめいて歯ぎしりする。そして人々は東から西から、また南から北から来て、神の国で宴会の席に着く。

（ルカ一三28－29、マタ八11、ルカから引用）

天上で「神の国」が始まっているのにともなって、今や宇宙（被造世界）全体が晴れ上がっていきます。イエスの師であった洗礼者ヨハネにも影を落としていた黙示思想的な陰鬱な世界像は晴朗なイメージに変貌しています。そのことは次の箇所から読み取ることができます。

野原の花がどのように育つかを考えてみなさい。働きもせず紡ぎもしない。しかし、言っておく。栄華を極めたソロモンでさえ、この花の一つほどにも着飾ってはいなかった。今日は野にあって、明日は炉に投げ込まれる草でさえ、神はこのように装ってくださる。まして、あなたがたにはなおさらのことである。信仰の薄い者たちよ。あなたがたも、何を食べようか、何を飲もうかと考えてはならない。また、思い悩むな。

（ルカ一二27－29、マタ六29－31、ルカから抜粋）

ニネベの人たちはさばきの時、今の時代の者たちと一緒に立ち上がり〔死から復活し〕、彼らを罪に定めるであろう。ニネベの人々は、ヨナの説教を聞いて悔い改めたからである。

しかし、見よ。ここに、ヨナにまさるもの〔神の国〕がある。また、南の国〔エチオピア〕の女王はさばきの時、今の時代の者たちと一緒に立ち上がり〔死から復活し〕、彼らを罪に定めるであろう。この女王はソロモンの知恵を聞くために、地の果てから来たからである。しかし、見よ。ここに、ソロモンにまさるもの〔神の国〕がある。

（マタ一二41－42、ルカ一一31－32、マタイから引用）

地上では落下してきたサタンが、配下の悪霊たちを使って、最後の足掻きを執拗に続けています。しかし、イエスは「神の国」を告知する遍歴の途上、悪霊憑きやその他の病気や障害を癒していく。その一挙手一投足とともに、天上ですでに始まっている「神の国」が地上にも拡大していくのです。そのことは次の箇所から読み取ることができます。

わたし〔イエス〕がベルゼブルの力で悪霊を追い出すのなら、あなたたちの仲間は何の力で追い出すのか。〔中略〕しかし、わたしが神の指〔神の霊〕で悪霊を追い出しているのであれば、神の国はあなたたちのところに来ているのだ。

（ルカ一一19－20、マタ一二27－28、ルカから抜粋）

イエスは答えて言われた。「神の国は、見える形では来ない。『ここにある』『あそこにある』と言えるものでもない。実に、神の国はあなたがたの間にあるのだ」。
（ルカ一七20－21、抜粋）

ただし、地上でも広がっていく「神の国」の完成はなお近未来に待望されています。それは「人の子」が「天使たち」、すなわち、すでに天上の祝宴の席についている者たちと共に到来する時であると同時に、「さばき」の時でもあります。そのことは次の箇所から読み取ることができます。

「神に背いたこの罪深い時代に、わたしとわたしの言葉を恥じる者は、人の子もまた、父の栄光に輝いて聖なる天使たちと共に来るときに、その者を恥じる」。
（マコ八38）

「言っておくが、だれでも人々の前で自分をわたしの仲間であると言い表す者は、人の子も神の天使たちの前で、その人を自分の仲間であると言い表す。しかし、人々の前でわたしを知らないと言う者は、神の天使たちの前で知らないと言われる」。
（ルカ一二8－9、マタ一〇32－33、ルカから引用）

「見よ、あそこだ」「見よ、ここだ」と人々は言うだろうが、出て行ってはならない。また、その人々の後を追いかけてもいけない。稲妻がひらめいて、大空の端から端へと輝くように、人の子もその日に現れるからである。

（ルカ一七23－24、マタ二四26－27、ルカから引用）

この内の最初の二つ、すなわち、マルコ福音書八章38節とルカ福音書一二章8－9節、マタイ福音書一〇章32－33節では、今、イエス（「わたし」）の宣教を拒む者たちは、来るべき「神の国」から自分を閉め出すことになると言われています。「今ここ」での態度決定が近未来の自分の運命を決定するというのです。すでに引いたマタイ福音書一二章41－42節とルカ福音書一一章31－32節からもほぼ同じことが読み取れます。そのように「閉め出される」者たちとは反対に、東から西からの多くの者（異邦人）たちがやってきて、アブラハム、イサク、ヤコブと共にその祝宴の席に着くことになります（前出のルカ一三28－29、マタ八11参照）。

最後に、もう一つ見逃してはならない重要なイエスの発言があります。それは地下の世界「地獄」（陰府）に関するものです。すでに引いたルカ福音書一六章19－26節では、金持ちが死後、陰府の消えることのない猛火に焼かれて苦しんでいます。イエスが「地獄の火」について語ることにつまずかないでください。イエスはマルコ福音書九章43－47節で次のように語ります。

43もし片方の手があなたをつまずかせるなら、切り捨ててしまいなさい。両手がそろったままで地獄の消えない火の中に落ちるよりは、片手になっても命にあずかる方がよい。45もし片方の足があなたをつまずかせるなら、切り捨ててしまいなさい。両足がそろったままで地獄に投げ込まれるよりは、片足になっても命にあずかる方がよい。47もし片方の目があなたをつまずかせるなら、えぐり出しなさい。両方の目がそろったままで地獄に投げ込まれるよりは、一つの目になっても神の国に入る方がよい。

傍点を付けた三箇所にご注意ください。最初の二回（43、45節）は「命」、三回目（47節）は「神の国」になっています。このイエス自身による言い換えは重要です。「神の国」とは究極的には「命」のことなのです。

以上ご一緒に読んできた箇所は、膨大な蓄積を誇るこれまでのイエス研究の中でも、言わば「屑」扱いされてきたものが少なくありません。わたしのイエス研究は「屑鉄拾い」なのです。これらのイエスの発言の多くは、イエス時代のユダヤ社会でよく知られていた表象でした。言わば、ありふれて「屑」にも近いものでした。イエスがそれらを無から創造したのではないのです。イエスの独創性はそれらを「拾って」きて、新しい図柄にネットワーク化したこと、その図柄の中で個々の表象に新しい意味を付与したことにあるのです。

どうか、イエスの神話性に驚かないでください。イエスをひとまず古代人のままにしておくことが大切なのです。安価な精神主義的、道徳主義的な解釈を禁欲すること、反対に、異質なものを一旦そのまま受け容れることが肝要です。その上で、イエス自身が古代的な神話性を突破している一点に改めてご注意ください。それは最後に触れた言い換えのことです。イエス自身が「神の国」を非神話化して、それは詰まるところ「命」のことだと言っているのです。マルコ福音書九章43－47節に出てくる「命」は原文のギリシア語では「ゾーエー」という単語です。福音書では「命」を表すもう一つ別の単語があります。それは「プシュケー」です。「プシュケー」は「思い悩むな。命（プシュケー）は食べ物よりも大切であり、体は衣服よりも大切だ」（ルカ一二22－23、マタ六25）という有名な言葉に出てくる通り、人間が今現に衣食住で生きている命のことです。それに対して、「ゾーエー」は人間がまだこれからその中へ「入って」いくべき命です。しかし、それは「プシュケー」と別の生命のことではありません。「今ここで」生きられている命（プシュケー）を神からの贈与として受け取り直し、発見し直した命のことなのです（詳しくは拙著『イエスの時』岩波書店、二〇〇六年、二八九－二九〇頁参照）。

イエスは天上ですでに始まっている「神の国」が間もなく地上でも実現することを確信して、最後にエルサレムに上りました。しかし、その実現は起こらず、神を冒瀆した者として、および反ローマの政治犯として十字架で処刑されました。イエスは十字架上で大声の絶叫をもって最期を遂げます。それは神に自分の運命の意味を問い返す、文字通り懸命な問いでした。

「死ぬことができる死」と「死ぬに死ねない死」

さて、話は変わりますが、昨年（二〇〇八年）六月八日に東京・秋葉原の歩行者天国の路上で起きた無差別の殺傷事件のことは、わたしたちの記憶に新しいところです。しかし、それ以前にも、似たような殺傷事件が繰り返し起きていたことを、皆さんはどこまで覚えておられるでしょうか。同じ昨年の三月二三日、茨城県土浦市ＪＲ荒川沖駅構内で、通行人や警察官ら八人が、やはり無差別に殺傷される事件がありました。その翌々日の三月二五日には、大阪府大東市の一八歳の少年がＪＲ岡山駅で、プラットホームに立っていた県職員の男性（三八歳）を進入中の列車の前に背後から突き落として殺害する事件が起きています。もっと過去にさかのぼれば、一九九九年九月、ＪＲ下関駅にレンタカーが突然突っ込み、無差別に一五人を殺傷した事件があります。新聞の報道によれば、一〇年前のこの事件が今回の秋葉原の殺傷事件と最もよく似ているそうです。しかし、類似の事件は、他にも多数挙げることができるでしょう。今月（二〇〇九年七月）上旬、大阪のコンビニエンス・ストアではガソリンをまいた上で放火したことによる無差別殺傷事件が起きています。正直なところ、わたしはこれだけの事例を思い出すのに、大変苦労しました。ということは、個々の事件をそれぞれ明瞭に記憶していられないほど、類似の無差別殺傷事件が繰り返されてきたということです。

これらの事件を引き起こした犯人たちの多くは、まだ人生の半ばにはほど遠い若者たちです。やはり新聞の報道では、彼らの多くが自分の狂気の行動の動機を聞かれて、「無差別大量殺人を起こせば社会に復讐できる。対象は誰でもよかった」という趣旨のことを述べるそうです。

そこからは、彼らが自分たちを現在の日本社会の中で追いつめられ、切り捨てられた被害者と見ていることが分かります。もちろん、被害者の遺族たちは、加害者である犯人個人の責任と、あるいは場合によっては彼らを養育した家庭（親）の責任を強調します。犯人個人の責任なのか、それとも社会の責任なのか。事件が起きるたびにそのような議論が繰り返されます。

遺族たちはかけがえのない親族の命を突然、しかも理由もなく奪われたわけですから、犯人個人を責める気持ちは当然です。しかし、わたしの子供のころには、このような事件はまずありませんでした。現代の先進国の中でもアメリカに銃の無差別乱射事件が僅かに繰り返される程度で、特にヨーロッパには少ないと思います。アメリカをモデルに進められてきた現代日本社会の構造変革との関連は否定しようがないとわたしは考えています。現代日本社会、それも青年層がおかれた深刻で巨大な病状を垣間みる思いで、心底ゾッとします。ヨーロッパのわたしの友人たちも、日本の現状を同じように見ています。

しかし、この問題には、本日はこれ以上立ち入らないことにします。秋葉原の事件についてのテレビ報道を見ていて、わたしが立ちすくんだのは、殺害された人の友人か遺族の一人（女性）が、報道陣のカメラの前で、涙に声を詰まらせながら、「Nさんは、こんなところで殺されるために生まれてきたんじゃない。神さま、どうしてなの」とつぶやいたことでした。その人がキリスト教徒であるかどうかはまったく分かりません。それとは無関係に、自分をキリスト教徒と了解している者は、この問いをどう受け止め、どう応答すればよいのでしょうか。

もちろん、わたしたちは誰でもいずれ死を迎えます。そのことをわたしたちは承知しています。しかし、わたしたちがそのように承知している死は、たとえそれがどれほどの病苦に満ちたものであろうとも、予めそれに対してそれぞれ自分の態度を決めておくことができる死、言わば「死ぬことができる死」です。誰しもが自分の死を人間としての尊厳を保ったものにしたいと願っています。死を自分の生の全体性と有意味性の中へ何とか回収したい。それが人間誰しもの願いでしょう。終末医療と「サナトロジー」はこの願望に基づいて成り立っています。

しかし、人間の死は「死ぬことができる死」ばかりではありません。「死ぬことができない死」、「死ぬに死ねない死」、「非業の死」というものが歴然と存在するのです。早くは第二次世界大戦中、ナチス・ドイツによって強制収容所に拘束され、過酷な条件下でほとんど生きているのか死んでいるのか分からないような生を強いられたユダヤ人たち。彼らにとって、ガス室に送られるよりも前に、自分の死を「死ぬことができる死」として、それに対する態度を決めることなどできないことでした。そんなことを考えられる状況ではなかったのです。

秋葉原の犠牲者たちの死も「死ぬことができる死」として、それぞれの人生の全体性と有意味性の中へ回収できるようなものではありませんでした。彼らの死は「死ぬに死ねない死」でした。犠牲者の中には、先に襲われた者たちを助けようと救助活動をしていたところを襲われた方（タクシーの運転手）もいました。言わば、強盗に襲われて半殺しになって倒れていた人を、「憐れに思って」、仕事の途中であったのに、それを中断して介助した善きサマリア人（ルカ一〇章）でした。そのサマリア人が舞い戻ってきた同じ強盗に無惨に殺害されてしまったようなものです。今日の教会の説教は、もはや善きサマリア人をキリスト教徒の行動の模範として示すだけでは終われない、ということです。

エルサレム原始教会の贖罪死の神学

さて、わたしは先ほど生前のイエスの最期に関して、十字架上の刑死はイエス自身にとって、言わば意味が不明な謎であったと申しました。もう少し補いますと、十字架の処刑よりも前に、イエスはユダヤ教の裁判とローマ総督による二回の裁判にかけられました。そこでは彼は終始一貫して深い沈黙を守っています。わたしの見るところでは、それは迫り来る自分の刑死の意味を尋ね求める自問のための沈黙でした。その答えを探しあぐねて、イエスは最後に十字架の上で、神に向かって文字通り懸命な問いを発します。――マルコ福音書一五章34節「わが神、わが神、なぜわたしをお見捨てになったのですか」。

この叫びは旧約聖書（詩二二2）からの引用になっていますので、研究上は、それがそのままイエスの最期の叫びであったのかどうかについて、いろいろ議論があります。しかし、マルコ福音書一五章37節には、イエスはその後もう一度「大声で叫んだ」とありますので、とにかくイエスは絶叫をもって果てた、と考えるほかはないとわたしは思います。その叫びはイエスが自分の問いに対する解答を神に向かって求める叫びだった。そうわたしは考えるのです。わたしはイエスの最期の絶叫の中に、「神さま、どうしてなのですか」という秋葉原の遺族の声を詰まらせた問いと同じ問いを認めざるを得ません。イエスは悠然かつ従容として、「死ぬことができる死」を死んだのではありません。未決の問いを抱えたまま、「死ぬに死ねない死」を死んだのです。これがわたしの見方です。

ペトロを筆頭とする生前からの直弟子たちにとっても、当然イエスの逮捕から処刑に至ってしまうまでのエルサレムでの事態の急展開――これはかなり急に展開したと考えるべきだとわたしは思っています――、それはイエス自身に比べても、勝るとも劣らない謎であったに違いありません。「謎」というのがもし問題ならば、少なくとも意味がすぐには分からない「問い」であったに違いない。同時に弟子たちの身の安全にもかかわる、凶事であったに違いありません。そのために、直弟子たちはイエスの逮捕から裁判、処刑へと進む間に、いずこかへ逃亡してしまいました。

やがてその直弟子たちは逃亡先で、イエスの死を「贖罪死」、すなわち、自分たちがモーセ律法に違反して犯していた罪〔複数〕を、イエス自らが贖罪の山羊となり血を流すことによって、自分たちの代わりに贖ってくれた死、と解釈するに至りました。そして、弟子たちは再びエルサレムに戻って、そこに小さな群れ（エルサレム原始教団）を形成しました。彼らの考え方は次のように言い表されています。

キリストが〔旧約〕聖書に書いてあるとおり、わたしたちの罪〔複数〕のために死んだこと、葬られたこと、また、聖書に書いてあるとおり三日目に復活したこと、ケファ〔ペトロ〕に現れ、その後一二人に現れたことです。（一コリ一五3b－5）

神はこのキリストを立て、その血によって信じる者のために罪〔複数〕を償う供え物となさいました。（ロマ三25）

いずれもパウロの手紙の中に書き留められている文章です。しかし、同じような文章は、ヘブライ人への手紙五章3節、ヨハネの手紙一の二章2節にも出てきますから、パウロが初めて造り出したものではなくて、彼以前のキリスト教徒たち、おそらくはエルサレム原始教団にまでさかのぼるものに違いありません。

「イエスはご自分の血によって人間の罪を贖った」――これは現在のわたしたちの日本の社

会でも、きわめて多くの（キリスト教と聖書のことを僅かに聞き知っているだけの）人々がキリスト教について抱いているイメージだと言ってよいと思います。

しかしわたしは、秋葉原の事件の犠牲者たちの「死ぬに死ねない死」を前にして、この伝統的な贖罪信仰について語ることに、深いためらいを覚えます。彼らの霊前で、「イエス・キリストはわたしたちの罪〔複数〕を贖うために死んでくださっている」と語ることに、どれほどの意味があるでしょうか。この語り方、見方では、神はどこか超越的な高みに留まったままで、人間が自分ではなしえない贖いの供え物を、人間に代わって独り子に供えさせた、それも言わば神が自分自身に供えさせた供え物であるかのように、わたしには感じられるのです。イエスの死はひたすら有意味な救いの出来事となり、神自身は苦しんでいないように感じられます。

しかも、キリストの血によって赦されている「罪」とは、誰のどのような罪を指すのでしょうか。しかもその「罪」とは複数形で言われます。ということは可算的で、多い少ないがあるのです。とすれば、犠牲者がかつて犯していたかもしれない「罪」の多い少ないのことなのでしょうか。それとも、犯人の罪、あるいは社会の罪のことなのでしょうか。犠牲者の「死ぬに死ねない死」を悼むと同時に、加害者と社会の罪さえもキリストの血によって贖われると言うべきなのでしょうか。

パウロの見方

新約聖書の中には、イエスの十字架の処刑について、それとは明瞭に違った見方があります。それは、十字架の処刑がイエス（キリスト）にとって、ひいては神自身にとって、容易に「死ぬに死ねない死」の苦しみであったという見方です。

パウロはそのことに誰よりもこだわった人でした。彼はイエスの十字架上の死が凄惨と残虐の極みであったことから目を逸らしていません。イエスは単に「死んだ」のではなく、十字架上で「殺害」されたのです。それはコリントの信徒への手紙二の四章10節に明瞭に言われています。新共同訳は「わたしたちは、いつもイエスの死を体にまとっています」と訳していますが、これは不正確です。正確には、「わたしたちは、いつもイエスの殺害〔ネクローシス〕を体にまとっています」（『Ⅳ　パウロ書簡』青野太潮訳、岩波書店、一九九六年）です。また同じコリントの信徒への手紙二は一章5節で「わたしたちの間に満ち溢れるキリストの苦難」について語っています。

この関連で、ガラテヤの信徒への手紙三章13節が重要です。

キリストは、わたしたちのために呪いとなって、わたしたちを律法の呪いから贖い出してくださいました。「木にかけられた者は皆呪われている」と書いてあるからです。

後半の「木にかけられた者は皆呪われている」は「と書いてあるからです」とあるように、旧約聖書からの引用になっています。これに該当する箇所は申命記二一章23節です。そこには、正確には「木にかけられた死体は、神に呪われたものだからである」となっています。パウロは「神に呪われたもの」の「神に」を省いて引用しています。その代わりに、あらかじめ同じガラテヤの信徒への手紙三章13節の前半で、「キリストは、わたしたちのために呪いとなって、わたしたちを律法の呪いから贖い出してくださいました」と述べています。「神に呪われたもの」を「律法の呪い」に変えているのです。

ご存知のように、パウロは元々、誰よりもモーセ律法に対して熱心な者としてキリスト教徒を迫害していました。そのことは彼自身がフィリピの信徒への手紙三章5－6節でこう告白しています。

わたしは生まれて八日目に割礼を受け、イスラエルの民に属し、ベニヤミン族の出身で、ヘブライ人の中のヘブライ人です。律法に関してはファリサイ派の一員、熱心さの点では教会の迫害者、律法の義については非のうちどころのない者でした。

教会を迫害していた時のパウロには、十字架（「木」）にかけられて処刑されたイエスは、申命記二一章23節の言葉通り、「神に呪われた者」だったに違いありません。律法主義者パウロの目には、イエスの死は犬死によりも意味のない「呪われた死」だったのです。

そのパウロが「神に呪われたもの」を「律法の呪い」に変えたのはどうしてでしょうか。実はそれがパウロが回心してキリスト教徒になったことの意味に他なりません。イエスの十字架上の苦しみは、神自身の苦しみだったのです。パウロはローマの信徒への手紙八章二節で、神のことを「御子をさえ惜しまずに（十字架の刑死に）渡された方」と語ります。親が「子をさえ惜しまない」ことがあるとすれば、それは親自身が「自分をさえ惜しまずに」と同じです。ですから、パウロの見方の中には、御子とともに神自身が十字架に付けられるという見方が含まれているとわたしは思います。J・モルトマンという神学者は、この意味で「十字架につけられた神」という言い方をしています。「死ぬに死ねない死」、「呪われた死」の苦しみを神自身が経ているという意味だとわたしは思います。

回心前のパウロはガラテヤの信徒への手紙三章10節にある通り、「律法の書に書かれているすべてのことを絶えず守ろう」（申二七26、二八58）として、それができずにいました。そのことを彼は「律法の呪い」と言い表します。パウロは「律法の呪い」の下に縛られていたのです。神は独り子とともに、パウロに代わって、その「律法の呪い」の下に自ら身を投じられた。「律法によって呪われた死」を神は死なれた。しかし、御子を死から甦らせることをもって、その「律法の呪い」を打ち破られた。この神の行動をパウロは「神の全能」と呼びます。神がこのような新しい行動を起こしたのは、「律法の呪い」の下で「生きていても死んでいるにひとしかった者」、「無きにひとしかった者」、すなわちパウロを、「在ると呼ぶため」（ロマ四17）でした。パウロはそのことを次のように言い表しています。

生きているのは、もはやわたしではありません。キリストがわたしの内に生きておられるのです。わたしが今、肉において生きているのは、わたしを愛し、わたしのために身を献げられた神の子に対する信仰によるものです。（ガラ二20）

わたしたちは、いつもイエスの殺害を体にまとっています。イエスの命がこの体に現れるために。（二コリ四10、新共同訳を変更）

パウロは「律法に呪われた」イエスの非業の死によって、自分が「律法の呪い」から解放されることができました。ここで起きているのは、無惨に殺害された者（イエス）と、生きていても死んでいた者（パウロ）の「入れ替わり」です。

パウロはわたしたちが苦難とそれを超えて生きる上で、重要な示唆を与えてくれるとわたしは思います。パウロの神は、自らは超越的な高みに悠然としていて、人間の犯した罪の贖いを受け取るだけの神ではありません。高みで自分の計画の遂行だけに心を配っている神ではありません。むしろ、自ら呪われた死を身に引き受けた方、「死ぬに死ねない死」を自ら経験したことのある神なのです。神をそのような方として、苦しむ者の側へ受け取ることが重要だと思います。わたしたちがなすべきことは、安易に道徳主義的に、イエスの死を「罪のゆるし」のための死、と語ることではありません。神自身の苦しみとして受け取ることが重要です。

（上智大学神学部夏期講座、二〇〇九年七月二六日。宮本久雄・武田なほみ編『死と再生』日本基督教団出版局、二〇一〇年四月二五日刊、三一―一二四頁）

神は何処に？——東日本大震災に思う

ルカによる福音書一七章20－35節

[20]ファリサイ派の人々が、神の国はいつ来るのかと尋ねたので、イエスは答えて言
われた。「神の国は、見える形では来ない。[21]『ここにある』『あそこにある』と言え
るものでもない。実に、神の国はあなたがたの間にあるのだ」。[22]それから、イエス
は弟子たちに言われた。「あなたがたが、人の子の日を一日だけでも見たいと望む時
が来る。しかし、見ることはできないだろう。[23]『見よ、あそこだ』『見よ、ここだ』
と人々は言うだろうが、出て行ってはならない。また、その人々の後を追いかけても
いけない。[24]稲妻がひらめいて、大空の端から端へと輝くように、人の子もその日に
現れるからである。[25]しかし、人の子はまず必ず、多くの苦しみを受け、今の時代の
者たちから排斥されることになっている。[26]ノアの時代にあったようなことが、人の
子が現れるときにも起こるだろう。[27]ノアが箱舟に入るその日まで、人々は食べたり
飲んだり、めとったり嫁いだりしていたが、洪水が襲って来て、一人残らず滅ぼして
しまった。[28]ロトの時代にも同じようなことが起こった。人々は食べたり飲んだり、

買ったり売ったり、植えたり建てたりしていたが、[29]ロトがソドムから出て行ったそ
の日に、火と硫黄が天から降ってきて、一人残らず滅ぼしてしまった。[30]人の子が現
れる日にも、同じことが起こる。[31]その日には、屋上にいる者は、家の中に家財道具
があっても、それを取り出そうとして下に降りてはならない。同じように、畑にいる
者も帰ってはならない。[32]ロトの妻のことを思い出しなさい。[33]自分の命を生かそう
と努める者は、それを失い、それを失う者は、かえって保つのである。[34]言っておく
が、その夜一つの寝室に二人の男が寝ていれば、一人は連れて行かれ、他の一人は残
される。[35]二人の女が一緒に臼をひいていれば、一人は連れて行かれ、他の一人は残
される」。

今朝の箇所では、最後のところで「一人は連れて行かれ、他の一人は残される」という文章が二回繰り返されています。それは（二〇一一年）三月一一日の東日本大震災の際の津波のありさまそのものです。「神さま、どうしてこういう災害が起きるのですか？　どうしてこれほど無惨で突然の死がありうるのですか？　そのとき、あなたは何処で何をしておられたのですか？」。

「神さま」をキリスト教に限らず広い意味に取れば、今、日本中の多くの人々の心中深く、この問いがよぎっているに違いありません。キリスト教徒も実は例外ではないはずです。しかし今教会の中に、この問いを率直に口にすることが憚られる雰囲気はないでしょうか。教会

は、それでもなお希望があることを語り、支援活動を懸命に呼びかけています。しかし、それと同時に、人々の心の深いところでわだかまっている問いにこそ、真正面から向き合わねばなりません。

＊

今朝の箇所は新約聖書の中でも、最も読みにくい箇所の一つで、平素、皆さんにも、意味不明の謎であったに違いありません。わたし自身も今回の未曾有の限界状況に直面して初めて納得したことが少なくありません。

「ノアが箱舟に入るその日まで、人々は食べたり飲んだり」していた、とイエスは言います。それは、今回の大震災でも同じでした。わたしは前日（三月一〇日）の晩、ゼミの学生たちと卒業論文の完成を祝って、打ち上げコンパをしておりました。その翌日、数万の人々が滅ぼされ、何千にも及ぶ人々の行方が今なお知れません。彼らは、覚悟の死を死んだのではありません。「死ぬに死ねない死」を死なねばならなかったのです。「神さま、どうしてですか？」と問いながら流されていった人も少なくないはずです。「死」というものが、人間にとって、外側から襲ってくるものであることを、これほど過酷なまで鮮明に教えてくれる出来事はありません。イエスもノアの洪水の物語（創六－八章）を「死」の物語として述べています。

ところが、イエスはそれと並べて「神の国」の話をしています。これは実に不思議なことです。なぜなら、イエスは他のところでは、「神の国」のことを「命」と言い換えているからです。例えば、マルコ福音書九章42－47節がそうです。さらに、ヨハネ福音書になると、それは「永遠の命」と言い換えられています。しかし、今朝の箇所でのイエスは、その「神の国」、つまり他の箇所で言い換えているような「命」が外側からやって来ることを、ノアの洪水のやって来方と全く同じように語るのです。そして最後に「一人は連れて行かれ、他の一人は残される」とあります。これはどういうことでしょうか。

わたしの考えでは、この問いに対するイエスの答えは33節にあります。「自分の命を生かそうと努める者は、それを失い、それを失う者は、かえって保つのである」。この言葉は、わたしたちが自分の命を生かそうと努めてはいけない、と言っているのではありません。むしろ、イエスが言いたいことは、人間は自分の「命」を思うままに処理・操作できないということなのです。普段の衣食住の日常生活の中で、わたしたちは自分が生きていることを自明視して、当たり前と思って暮らしています。洪水・津波で他の人が連れて行かれたのに、自分が生き残ったのは、どうしてなのか、分からない。その偶然に直面するときが、それまで当たり前だと思ってきた自分の「命」が実は自分を超えたものなのだと気づく瞬間なのです。「命」は「死」の真逆です。しかし、人間を絶対的に超えたものであることは、「死」と同じです。イエスはそのことを、本日の言葉で言いたいのです。

＊

しかし、わたしたちにはまだ大きな疑問が残っています。「イエスよ、どうして、一挙に数万もの人々が『死ぬに死ねない死』を死ななければならないのですか？　そのとき、神は何処で何をしておられたのですか？　神がお造りになったはずのこの世界に、どうしてこのような暴力的な死の力が存在するのですか？」――これは実に重大な問いです。なぜなら、そこに神の正義が懸かっているからです。

創世記のノアの洪水の話の語り手も、この疑問の重大さに気づいていました。しかし、彼らは一つの逃げ道を見つけました。創世記六章5‐7節には、こうあります。

[5]主〔ヤハウェ〕は、地上に人の悪が増し、常に悪いことばかりを心に思い計っているのを御覧になって、[6]地上に人を造ったことを後悔し、心を痛められた。[7]主は言われた。「わたしは人を創造したが、これを地上からぬぐい去ろう。人だけでなく、家畜も這うものも空の鳥も。わたしはこれらを造ったことを後悔する」。

創世記の語り手が言いたいことは明瞭です。ノアの洪水は神の責任ではないのです。それは

「地上で常に悪いことばかりを心に思い計って」きた人類に、神が下した天罰というメッセージなのです。

わたしたちはつい最近、これとよく似た発言を耳にしています。それによれば、今回の大震災と津波は、「日本人の我欲に凝り固まった生き方に対する天罰」なのです。もちろん、それを発言した石原都知事（当時）はそれにすぐ付け加えて、「被災者の方々がかわいそうですよ」と言うのを忘れませんでした。知事の気持ちはよく分かります。しかし、やはり不用意な発言だとわたしは思います。なぜ、日本人の我欲に対する天罰が、他でもない東北の被災地の人々に下らねばならなかったのでしょうか。今回の大震災をこれまでのわたしたちの生き方、価値観への根本的な反省を迫る出来事として受け取ることはよいことです。しかし、それを不用意に天罰論に結びつけないように、よくよく気をつけねばなりません。

ここで、ご注意いただきたいのですが、今朝の箇所でイエス自身は、ノアの洪水のことを引き合いに出しながらも、決してそれを神が下した天罰だとは言っていないのです。そこが創世記との決定的な違いです。では、なぜノアの洪水は起きたのか？　イエスはこの問いに答えていません。

ここでもう一箇所、ルカ福音書一三章１－５節を読んでみましょう。

[1]ちょうどそのとき、何人かの人が来て、ピラトがガリラヤ人の血を彼らのいけにえに

混ぜたことをイエスに告げた。[2]イエスはお答えになった。「そのガリラヤ人たちがそのような災難に遭ったのは、ほかのどのガリラヤ人よりも罪深い者だったからだと思うのか。[3]決してそうではない。言っておくが、あなたがたも悔い改め〔*metanoia*〕なければ、皆同じように滅びる。[4]また、シロアムの塔が倒れて死んだあの一八人は、エルサレムに住んでいたほかのどの人々よりも、罪深い者たちだったと思うのか。[5]決してそうではない。言っておくが、あなたがたも悔い改めなければ、皆同じように滅びる」。

おそらくこれも、これまで皆さんにとっては、まったく意味不明の謎の箇所だったことでしょう。少し解説させていただきますと、ここには二つの事件が言及されています。そのどちらも、この場面のイエスたちから見て、ほんのつい最近起きたばかりの事件でした。前半は、ローマ総督ピラト（やがてイエスを処刑することになる総督）がガリラヤからエルサレムに巡礼に上って来ていたガリラヤ人（広い意味ではユダヤ教徒）を暴力的に弾圧して、その血を彼らがエルサレム神殿で神に供えようとしていた動物の生け贄の血に混ぜたという事件です。それは犠牲者の人命はもちろんのこと、エルサレム神殿の供儀行為全体を根底から侮辱し、否定するやり方でした。

後半はまた別の事件です。シロアムというのは、エルサレムの城壁の外側に現在でも滾々《こんこん》と清水が湧き出る泉のある一角です。おそらく当時、そこで何かの工事が行われていて、塔が立てられていたのでしょう。それが突然倒れて、一八人もの労働者が下敷きになって犠牲となった事件のことです。イエスは「あの一八人」と言っていますから、聞く者たちにも周知のつい最近の惨事だったことが分かります。

注意したいのは、「そのガリラヤ人たちがそのような災難に遭ったのは、ほかのどのガリラヤ人よりも罪深い者だったからだと思うのか」、「また、シロアムの塔が倒れて死んだあの一八人は、エルサレムに住んでいたほかのどの人々よりも、罪深い者たちだったと思うのか」という二度繰り返されたイエスの反問です。その背後には、「二つの事件の犠牲者たちがまさに犠牲となったのは、彼ら自身もそうとは気がついていない内に、『罪深い者』だったからだ。つまり神の戒めに背く罪を犯していたからだ。事件はそれに対して神が下した天罰であって、神に責任はない」という考え方が前提されています。実は、それが当時のユダヤ教徒の誰もが抱いていた常識でした。

しかし、イエスはその常識を言下に否定して、「決してそうではない。言っておくが、あなたがたも悔い改めなければ、皆同じように滅びる」と二回も繰り返します。もちろん、イエスは「あなたがたも同じように滅びてしまえ」と言いたいのではありません。イエスの強調点は、その前の「あなたがたも悔い改めなければ」にあります。

イエスが説いた「悔い改め」とは何だったのでしょうか。ご存知の方も少なくないはずですが、それは「神の国」の福音を信じることです。イエスが公の活動を始めたときの第一声は、ほかでもない「神の国は近づいた。悔い改めて福音を信じなさい」（マコ一15）であった通りです。

＊

今お話ししたことをふまえて考えてみましょう。今朝の箇所、ルカ福音書一七章20－35節では、イエスはノアの洪水が起きた原因を天罰（神罰）だとはしていません。ルカ福音書一三章1－5節でも、つい最近起きた二つの惨事を天罰だとはしていません。明らかに、イエスは人間に外側から突然襲いかかって、「死ぬに死ねない死」を強いる災害を、天罰と説明することに反対なのです。どうしてでしょうか。

イエスはそのわけを明瞭には述べていません。ですから、これはわたしの解釈ですが、そのような巨悪の原因を問うことは、必然的に「後ろ向き」になるからです。原因が常に過去に探し求められるのです。個人であれ、国家であれ、自分では気がついていないような「罪」を犯してきたから、神が天罰を下したという説明になります。日本でも、「罰が当たった」、「親の因果が子に報い」という表現があるのと全く同じです。「死ぬに死ねない死」を死ななければならなかった人々の苦しみの上に、生き残った人々のさらなる精神的な苦痛が上塗りされます。おそらくイエスは、「後ろ向き」の原因を探求することが孕んでいるそのような危険性を知っていたのです。

イエス時代のユダヤ教には、災いは神がその人（たち）に下した教育的な試練なのだ、という見方もありました。それはユダヤ教の中からキリスト教にも入ってきて、「神さまは、決して耐えられない試練をお与えにならない」という定型句として、幅広く定着しています。そのような定型句が、今回のような大震災の前で、特にその被災者たちにとって、如何に無力であるかは、改めて言うまでもありません。

イエスはそのどちらの説明にも与しません。今朝の箇所でも、ルカ福音書一三章1－5節でも、イエスはただひたすら「神の国」という、未来の「いのち」を指し示すばかりです。「死ぬに死ねない死」の原因を後ろ向きに探すことから、未来の「いのち」へ、思考のベクトルを一八〇度ひっくり返すことを求めています。それがルカ福音書一三章1、3節の「悔い改めよ」（*metanoia*）という言葉の意味するところです。「メタノイア」とは、ギリシア語でまさしく「ノイア」（思考）を「メタ」（逆転）させることを意味するのです。

神が創造したこの世界に、なぜ一度に数万もの「死ぬに死ねない死」が起きるのか。そのようなときに、神は何処で、何をしているのか――この問いに、イエスは答えません。イエスには、この問いそのものがありません。同じように、なぜ生まれながらに目が見えないという障がいがあるのか。なぜ人は理由なく、病気や障がいの苦しみに遭うのか。これらの問いにも、イエスは答えないままです。

その代わりに、彼はただ「神の国」という未来だけを指差します。その「神の国」に病気や障がいに苦しむ人々を招くために、イエスは歩き回りました。イエスによれば、その「神の国」がすでに天上では実現していて、アブラハム、イサク、ヤコブという過去の死者たちが復活して、祝宴の席に着いているのでした。しかも、その天上の「神の国」は、今まさに自分自身の一挙手一投足とともに、地上でも実現しつつあるのだと思っていたのです。アブラハム、イサク、ヤコブ以外の死人たちもやがて復活して、来るべき神の支配に与ることを信じていました。死人たちには未来があるのでした。

やがてイエスはその「神の国」の実現を見届けるために、エルサレムに上りました。しかし、そこで運命が暗転し、十字架で処刑されました。イエスは十字架上で最期の息を引き取るときに、大きな声で絶叫したと伝えられます。わたしは、その絶叫は神に向かって、今や不透明になった神の意志が何処にあるかを問う、イエスの懸命な問いかけであったと思っています。イエスも「死ぬに死ねない死」の苦しみを、身をもって体験されたのです。

＊

もちろん、歴史上の人物としてのイエスは、この問いに対する答えを見つけることはできませんでした。それは、後に残された直弟子たちの課題でした。やがて、彼らは、イエスの死は神が人間の「罪」を贖うために律法に準じて備えた「供犠」、すなわち「供え物の犠牲」だったという信仰に到達しました。その場合の「罪」とは、ユダヤ教の根本であるモーセ律法に対する違反行為のことでした。「供え物の犠牲」とは、この意味の「罪」を赦してもらうために、神に捧げるべき動物の犠牲（レビ一六章）のことでした。この見方の中心であった原始エルサレム教会は、イエスの死を贖罪の動物の供え物になぞらえるキリスト教――短く言えば、「供犠的キリスト教」――となって、遂に律法の拘束力を打破できずに終わってしまいました。なぜなら、この信仰では、「罪」の定義も、それを贖う「供え物の犠牲」としてのイエスの死も、モーセ律法を規準にして定義されていたからです。すべてがモーセの律法の枠の内側で考えられていたからです。

しかし、このタイプの信仰が、今回の大震災で「死ぬに死ねない死」を死なねばならなかった犠牲者たちとその遺族に、どういう希望を語り得るものか、わたしは非常に疑問に思います。そこでは、神は超越的な高みに悠然としていて、「罪」に囚われた人間に代わって、自分で自分に独り子イエスを贖罪の犠牲として供えたかのように感じられます。神は人間の向こう側に対象化され、人間はこちら側の下の方にいて、その神と向き合っているという構図です。確かに、このタイプの信仰はイエスが死から復活したことについても語ります。しかし、その復活は「死ぬに死ねない死」の暴力を打ち破る力とは、考えられていません。このタイプの信仰は、今回の大震災を乗り越えるパワーには決してなり得ないとわたしは思います。

しかし、原始キリスト教の中には、イエスの絶叫が残していった問いに対するもう一つ別の解答がありました。それは主にパウロの手紙から読み取られるものです。そこでは、イエスは何らなす術もなく、十字架上で呪われた死に渡されます。しかし、神は他でもないそのイエスとこそ自らを同一化したと言うのです。神は父であり、イエスはその独り子だと言うのです。そうだとすれば、独り子イエスの十字架の刑死は、現代ドイツの神学者J・モルトマンの表現を借りれば、「神自身がイエスにおいて受難し、神自身がイエスにおいてわれわれのために死んだ、ということを論理的帰結として含んでいる」ことになります。「神が十字架につけられた神となった」、「死が神自身にまで達した」ともモルトマンは言います（『十字架につけられた神』喜田川信他訳、新教出版社、一九七六年、二三八頁）。しかも、モルトマンがこのことを強調するわけは、「死に行くキリストをわれわれの罪のための贖罪の供え物と見なす見方は、復活の使信とのいかなる内的な（神学的）関連をも示すことができないから」（同二三三頁）なのです。わたしはこの見方に深く共感します。

ここでは、神についての思考の大転換（メタノイア）が必要です。神は、先ほどの原始エルサレム教会の贖罪信仰の場合のように、向こう側に客体として存在するのではありません。神はこちら側にいて、苦しむ人間と一体化しています。「死ぬに死ねない死」を死ぬ人々とともにいるのです。「神さま、どうしてですか?」と問いながら絶命していった今回の津波の犠牲者たちと一緒にいたのです。思い切って言えば、神は彼らと一緒に流されたのです。

しかし、なぜそのような死の暴力が存在するのか。この問いには、依然として解答がないままです。パウロも死を「最後の敵」（一コリ一五26）と呼んでいますが、それがどこから来たのか、どうして存在を許されるのかについては、根本的には未解答のままにしています。パウロも――キリスト教も――悪の由来を説明することができないのです。パウロはやがてこの世界の歴史が終わるときに――イエスの言葉で言えば、「神の国」が完成されるときに――、神がその「最後の敵」をも滅ぼすことを待ち望んでいます。

「死は勝利にのみ込まれた。
死よ、お前の勝利はどこにあるのか。
死よ、お前のとげはどこにあるのか」。（一コリ一五54－55）

イエスとともに十字架につけられた神。その神はそのイエスをすでに死から甦らせたのだとパウロは言います。「最後の敵」を打ち破る終末論的な神の闘いが、そこですでに始まっているというのです。「最後の敵」である死が打ち破られる時は、「死ぬに死ねない死」を死なねばならなかった者たちが、復活のいのちに与る時でもあります。だから、イエスの復活を信じることは、「死ぬに死ねない死」を死んだ者たちにも、なお未来があることを信じることに他なりません。今回の津波による死者にも未来がある。犠牲者とその遺族が苦難を乗り越える希望は、唯一そこにしかないとわたしは思います。

＊

こう言えば、人によっては、「死者にも未来がある？　どんなふうに、どんな体で復活するのか？」と聞き返す人がいるかもしれません。それはパウロが「愚かな問い」（一コリ一五35参照）だと断定した問いです。そのような問いは「向こう側へ行ってしまって」います。しかし、大切なのは、ふたたび「こちら側へ戻ってくる」こと、すなわち、思考の逆転（メタノイア）です。「死ぬに死ねない死」を死んだ死者たちにも未来がある、とわたしたちが信じるときも、事を分けるのは、わたしたち自身がそれをどこまで切実性をもって信じられるかということです。

本章は下記の場所で語ったものと内容が一部重なるところがある。
(1)自由学園最高学部卒業式式辞、二〇一一年三月一八日
(2)日本基督教団札幌富丘伝道所礼拝説教、二〇一一年六月一九日
(3)日本バプテスト連盟福岡平尾教会礼拝説教、二〇一一年七月一七日
(4)第三回国際聖書フォーラム（日本聖書協会主催）レセプション・スピーチ、二〇一二年七月五日

あとがき

わたしは二〇〇九年四月から二〇一四年一〇月までの五年半にわたり自由学園（東京都東久留米市）の最高学部に勤務した。自由学園では、幼児生活団と呼ばれる幼児教育の課程から、初等部、中等科・高等科（男女別学）、そして最高学部までの四段階を備えた一貫教育を行っている。大学課程に当たる最高学部は、一年を春学期（夏学期）と秋学期（冬学期）の二学期に分けている。それと同時に、中等科・高等科に合わせる形で、三学期にも区分している。どの学期も始業式をもって始まり、終業式をもって終了する。もちろん、年度末には卒業式がある。その前日には、卒業生と教職員だけで夕礼拝があり、卒業式の数日後には在学生だけによる年度全体の修業式がある。本書の特に第Ⅰ部「自立する君へ」に収められた文章の大半は、わたしが最高学部長を務めた二〇一〇年四月から二〇一四年一〇月までの四年半の間に、それらの式で語ったものである。

自由学園最高学部に在任中のわたしは、それとは別に、毎朝始業前に行われる礼拝も繰り返し担当した。着任の直後から、マルコによる福音書を段落ごとに取り上げて、初学者向きに講解することにした。ちょうど在任五年半をかけて、福音書の終わりまで到達した。その間、女子および男子の中・高等科の朝の礼拝でも生徒たちに語りかける機会があった。本書の第II部「神は苦しむ者の側に」に収められた文章の大半は、それらの礼拝で語られたものである。

ただし、第I部の「クリスマス――新しい想像力の物語」、第II部の「生と死――イエスの『神の国』」と「神は何処に？――東日本大震災に思う」は、もともと自由学園の学生・生徒に限らず、より広い聞き手の方々に向かって語ったメッセージである。

本書の成り立ちの経緯は、以上のとおりである。そのつどの聞き手や状況に合わせているために、収録された個々の文章の間で、部分的に内容上の重なりが生じており、またわたしの語り口も違っている。読者の方々の温かいご了解をお願いする次第である。

最後に、正直な心境を申し上げれば、わたしは聖書のメッセージを現代に向かって、とりわけ若い人たちに取り次ぐことの重圧を繰り返し感じてきた。自分を偽らずにどのようなメッセージを語り得るのか。また、実際に語り得たのか。この自問自答と緊張は、終始、通常の講義とはまったく次元の異なる経験であった。本書をこうした形で公にすることにも、いささかのためらいを禁じ得ない所以である。

本書を編むにあたっては、教文館社長の渡部満氏と出版部の福永花菜さんに大変お世話になった。心からの感謝を申し上げたい。

二〇一四年一一月

大貫　隆

《著者紹介》

大貫　隆（おおぬき・たかし）

1945年静岡県生まれ。東京大学大学院人文科学研究科西洋古典学専攻博士課程修了。1979年ミュンヘン大学にて神学博士号（Dr.theol.）取得。現在、東京大学名誉教授。

著書　『神の国とエゴイズム――イエスの笑いと自然観』（教文館、1993年）、『終わりから今を生きる――姿勢としての終末論』（教文館、1999年）、『イエスという経験』（岩波書店、2003年／岩波現代文庫、2014年）、『イエスの時』（岩波書店、2006年）、『聖書の読み方』（岩波新書、2010年）ほか多数。

日本音楽著作権協会（出）許諾第1501207-501号

装丁・装画　熊谷博人

挿画　小西由夏（カバー裏：自由学園女子部食堂、扉：明日館の窓）

真理は「ガラクタ」の中に――自立する君へ

2015年3月15日　初版発行

著　者　大貫　隆

発行者　渡部　満

発行所　株式会社　教　文　館

〒104-0061　東京都中央区銀座4-5-1　電話03(3561)5549　FAX03(5250)5107

URL　http://www.kyobunkwan.co.jp/publishing/

印刷所　モリモト印刷株式会社

配給元　日キ販　〒162-0814　東京都新宿区新小川町9-1

電話03(3260)5670　FAX03(3260)5637

ISBN 978-4-7642-6458-8　Printed in Japan